Jean-Marie Hämmerles

HUNDSTAGE

Sternwald Verlag

Die Deutsche Bibliothek - CIP-Einheitsaufnahme
FREIBURG-Krimi: HUNDSTAGE
Freiburg: Sternwald Verlag, 1999
ISBN 3-9806539-4-3
NE: Heyberger, Renate; Marquardt, Udo

Sternwaldstraße 26
79102 Freiburg
Tel. 0761/31414
Fax 0761/24302

71, North 7th Street
Brooklyn, NY 11211

Titelgestaltung: Boris Pfetzing, KonText
Freiburg- und DRIÜ-Logo: Andreas Verstappen
Satz: Isa Renner, 79289 Horben
Druck: Druckerei Weber, Freiburg

Unserem Verleger
Hans-Albert Stechl
zum Fünfzigsten

Inhalt

Das Attentat

Der Himmel über dem Münster war kobaltblau. Weiße Schönwetterwölkchen bauschten sich über der Stadt, die an diesem heißen Sommertag ihrem Ruf als Hauptstadt der deutschen Toskana wieder einmal voll und ganz gerecht wurde. Munter gluckstén die Bächle in ihren gepflasterten Rinnen kreuz und quer durch die Altstadt. Vom nahen Schloßberg, der „grünen Lunge Freiburgs", wehte süßer Akazienduft.

In Freiburg war der Sommer eine Zeit des Feierns. Nicht nur beim abendlich-gemütlichen Beisammensein auf dem Augustinerplatz ging es feucht-fröhlich zu. Seiner Lieblingsbeschäftigung, dem „Sürpfle", konnte der Südbadener bei einer ganzen Reihe anderer Festivitäten nachgehen. Da gab es in loser Reihe: das Stadtmauerfest, das Konviktstraßenfest, das Seenachtsfest, den Oberlindenhock, das Weinfest, die Weinkost, das Theaterfestival, das Lichterfest auf dem Schloßberg und schließlich, wie gerade jetzt, das Zelt-Musik-Festival, das als das größte Campertreffen mit Musikbeschallung der Region galt.

Auch auf dem Rathausplatz wurde an diesem Bilderbuchtag gefeiert. Die Spitze der Stadtverwaltung hatte sich vor dem Rathaus versammelt, um eine Delegation aus der japanischen Partnerstadt Matsuyama zu begrüßen. Zu diesem Zweck war der Platz festlich hergerichtet worden. Rund um das Berthold-Schwarz-Denkmal standen Bierbänke und Biertische, dazwischen Buden und Getränke-Kioske, die bei solchen Anlässen die Hauptrolle spielten. Schließlich lag auch Freiburg in Südbaden und nicht in der Toskana, wie es mancher Fremdenverkehrsexperte gerne glauben machen wollte. Über allem bauschten sich rot-weiße Fahnen am Sommerhimmel.

Jean-Marie Hämmerle lehnte am Sushi-Stand. Er kniff die Augen zusammen und sah zu der japanischen Flagge hoch. Ihm schien, als läge die ganze Weisheit des Ostens in diesem nationalen Symbol.

Das ist quasi die Teezeremonie als Fahne, sagte er und sah seinen Nebenmann über den Rand seiner Nickelbrille bedeutungsvoll an. *Ein Kreis, sonst nichts. Reduktion als ordnendes Prinzip, quasi.* Er pfiff durch die Zähne. *Wirklich gelungen.* Sein Tresennachbar glotzte ihn aus glasigen Augen an und kippte den vierten Sake. Der Mann war offensichtlich kein Teetrinker.

Verächtlich wandte Hämmerle sich ab. Er strich sich über die fortschreitende Stirnglatze. Was konnte man von einem Touristen aus dem Ruhrpott auch schon erwarten? Er selbst war seit seinem lang vergangenen Ethnologiestudium an der Albert-Ludwigs-Universität ein glühender Verehrer des Zen-Buddhismus. Zwar war er in der Kunst der Entsagung nicht weit gekommen, dafür waren seine 265 Pfund Lebendgewicht nackt auf der Waage ein deutliches Zeichen. Entsagt hatte er dagegen einem Abschluß, was ihm, dem Beinahe-Priester, nach insgesamt 36 Semestern Theologie, Soziologie, Philosophie und Ethnologie nicht leicht gefallen war. Dafür übte er sich seit vielen Jahren als Taxifahrer Tag für Tag in der Tugend der Geduld. Aufschwung Ost hin oder her, die Fahrgäste blieben aus, auch in der Oberstadt, wo er seit kurzem seinen Standplatz hatte. Da konnte man als Vertreter des Transport-Gewerbes nur hoffen, daß sich die Gegend ums Schwabentor wirklich zum Rotlicht-Viertel mausern würde, wie es neulich ein Ex-Freiburger Geschäftsmann angekündigt hatte. Allerdings, so hatte es in dem entsprechenden Zeitungsartikel geheißen, hatte der Betreiber hauptsächlich die Rechtsanwälte im Nebenhaus als Kunden im Auge. Das wiederum würde den Taxifahrern rund ums Schwabentor auch in Zukunft keine zusätzlichen Einnahmen bringen. Auf jeden Fall: Die Geschäfte liefen schlecht. So schlecht, daß Jean-Marie Hämmerle seinen Widerwillen gegen rohen Fisch hinunterschluckte. Schließlich waren Sushi und Sake am japanischen Stand umsonst. Dafür nahm Hämmerle auch die Menschenmassen in Kauf, die ihm gewöhnlich ebenso zuwider waren wie öffentliche Ansprachen des dem Vernehmen nach der SPD angehörenden Oberbürgermeisters.

Das Zeug ist ja roh. Die Stimme des Thekennachbarn holte Hämmerle zurück ins Hier und Jetzt. Der Gelsenkirchener stierte angeekelt auf das Sushi in seiner Hand und spuckte den Rest aus.

Das war selbst Jean-Marie zu viel, dem ein ordentliches Schnitzel auch lieber gewesen wäre. Aber hier ging es um mehr als um die Verteidungung der fernöstlichen Kultur. Auch das Abendland wollte vor den Barbaren aus dem Westen gerettet werden.

Was sich roh essen läßt, dozierte er spitz, *wird eben auch roh gegessen. Nehmen Sie Jean-Jaques Rousseau. Das Rohe ist für ihn eine Tatsache der Natur, das Gekochte eine Tatsache der Kultur.* Er zupfte an dem rötlichen Zöpfchen, zu dem er wie üblich den Rest seiner Haare im Nacken zusammengefaßt hatte, und verzog den herzförmigen Mund. *Gerade weil wir solchen Luxus in der Küche betreiben,* machte er weiter, *geht's mit uns wirtschaftlich bergab. Das hat Rousseau auch so ähnlich gesagt. Ganz abgesehen davon, wieviel Energie beim Kochen verschwendet wird. Die Japaner dagegen ...*

Willse damit sagen, ich soll maane Currywurst in Zukunst roh essen? grölte der Mann und haute auf den Tresen. Von Politikern mit französischen Nachnamen und ihrer Energiepolitik hatte er die Nase voll.

Psst, psst, zischelte es von überall her.

Tatsächlich, der Spätnachmittag strebte seinem Höhepunkt zu. Rechts neben den Rathausarkaden hatte sich eine bemerkenswerte Musikanten-Truppe in Positur gestellt, angekündigt als das „Matsuyama-Freundschafts-Orchester". Die Gäste aus dem Fernen Osten hatten es sich nicht nehmen lassen, eine Blaskapelle in original Schwarzwälder Trachten mitzubringen. Bis auf die etwas zu groß geratenen Bollenhüte saß alles tadellos. Monatelang hatte man im Land der aufgehenden Sonne für den Auftritt geprobt. Es war gar nicht so einfach gewesen, das „Badner Lied" einzustudieren. Die Volksweisen der Langnasen unterschieden sich gewaltig von der traditionellen japanischen Musik. Gagaku und Bugaku waren mit ihren Taktfolgen und der fünfstufigen Tonleiter weitaus komplexer.

Der japanische Kapellmeister hob den Taktstock und gab das Zeichen zum Auftakt für das „Badner Lied". Das Gemurmel der Menschen auf dem Platz wurde leiser. Der Wind rauschte in den Wipfeln der Kastanien, die den Brunnen

vor dem Rathaus umschatteten. Vereinzelt standen Patrioten auf und legten sich die Hand aufs Herz. Der Fremde aus dem Ruhrpott fiel Hämmerle um den Hals und versuchte ihn abzuknutschen.
Das „Badner Lied" war für die Menschen im Südwesten etwas ganz Besonderes. Das wußte auch der japanische Schlagzeuger. Vor wichtigen Fußballspielen, so hatte man ihm gesagt, stand sogar der Oberbürgermeister von seinem Sitzplatz im Dreisamstadion auf und sang mit. Die Langnasen waren schon seltsam. Niemals würde es dem japanischen Kaiser einfallen, bei einem Spiel des Sport-Clubs öffentlich und lauthals mitzusingen. Der Trommler straffte sich und fixierte den Taktstock des Dirigenten. Zwo, drei, vier und Auftakt. Die Bläser setzten ein. Und eins und zwei und drei und vier. Jetzt war er an der Reihe. Er verbeugte sich leicht und setzte zu einem Trommelwirbel an. Da riß ihm eine ohrenbetäubende Detonation die Stöcke aus der Hand. Die Druckwelle, die dem Knall folgte, fegte ihn vom Podest. Das Fell der großen Trommel barst. Der Schellenbaum flog durch die Luft. Posaunen und Trompeten wirbelten durcheinander. Ringsum zersplitterte Glas. Senf und Ketchup ergossen sich über die Festbesucher, die hinter den Würstchenbuden in Sicherheit gegangen waren. Wie kleine Geschosse wirbelten Reiskugeln und rohe Thunfischscheiben durch die Luft. Auf der Flucht stolperten die Besucher über Bänke und Tische. Die Regierungsbank war leer. Die Wucht der Druckwelle hatte den Oberbürgermeister und seine Ehrengäste von den Füßen gerissen.

Auch Jean-Marie Hämmerle hatte es erwischt. Nach endlosen Minuten kroch er vorsichtig unter dem reglosen Körper seiner Thekenbekanntschaft hervor. Der Mann mußte vor Schreck in Ohnmacht gefallen sein. Hämmerle wischte sich eine Scheibe von mariniertem Lachs von der Brille und sah sich um. Aus den Trümmern des Sushi-Standes stieg eine Bierfontäne meterhoch in den Sommerhimmel und fiel über den Rumpf von Berthold Schwarz hinab auf das gepflasterte Wappen der japanischen Partnerstadt. Der angebliche Erfinder des Schwarzpulvers war ein Opfer seiner eigenen Idee geworden. Die Explosion hatte ihm den Kopf abgerissen.

Das Rieselfeld Ist Überall

Die konspirative Wohnung lag hoch über dem Augustinerplatz mitten im Herzen Freiburgs. Eine enge Stiege führte hinauf in den dritten Stock, wo sich gerade ein paar schwarz gekleidete Gestalten am Küchentisch versammelt hatten, um den Bombenanschlag auf Berthold Schwarz theoretisch aufzuarbeiten. Bei der Gruppe handelte es sich um das streng geheime Kommando „Das Rieselfeld Ist Überall", kurz DRIÜ, das sich als Vertreter einer militanten Öko-Ideologie Freiburger Prägung dem Kampf gegen die imperialistische Kommunalpolitik Freiburger Prägung verschrieben hatte. Der harte Kern bestand aus vier Personen. Hin und wieder gesellte sich eine Handvoll Mitläufer dazu, zumindest theoretisch.

Viel Zeit hatte man nicht. Das Attentat war nur der Anfang gewesen. Schließlich ging es darum, den Größenwahn der Stadtverwaltung zu stoppen und das ökologische Gleichgewicht in der Breisgauer Bucht zu retten. Außerdem war es gar nicht so einfach, aus der Badischen Zeitung einen anonymen Bekennerbrief zu basteln.

Ich find kein F. Unwillig schubste „Tanja" den Stapel alter BZ vom Küchentisch und schüttelte ihre rotgefärbten Locken. Sie war gerade zwanzig geworden, studierte im dritten Semster Jura und hatte sich den Namen von Che Guevaras einstiger Weggefährtin zugelegt. Ihr gehörte die Wohnung. Eigentlich hieß sie Johanna.

Franziska, alias „Rosa", warf ihr einen wütenden Blick zu: *Spinnst du, oder was? Verwöhnte Zicke! Das hebst du wieder auf!* Rosa war eine stämmige Blondine mit einer steilen Falte auf der Stirn und gepiercten Ohren. *Oder glaubst du, ich räum wieder hinter dir her?*

Stop mal, zoffen könnt ihr euch später. Wir haben was Wichtigeres zu tun. Bernd, den alle „Bloch" nannten, war schmächtig und blaß. Wie immer standen ihm die momentan weizengelb gefärbten Haare zu Berge. Er schleppte einen neuen Zeitungsstapel heran. Mit der Gruppendynamik hatte die DRIÜ ihre Schwierigkeiten. *Hier,* er schob die Zeitungen zu Tanja rüber. *Da findest du sicher ein F.*

Kann man das nicht anders schreiben? schmollte Tanja. *Vorhin haben wir doch auch ...*

Bist du blöd? fuhr Walter Brenner sie an. *Willst du „Breiburg" sagen, oder was? Das versteht doch keiner. Nimm ein E und schneid den Balken ab.* Er hatte die Faxen langsam dicke. Der „Commandante", wie ihn alle hier nannten, war ein untersetzter Enddreißiger, der allmählich leicht aus der Form ging. Stets versuchte er, den Ansatz seines Doppelkinns mit breiten Seidenschals zu verbergen, was seine stämmige Gestalt noch gedrungener erscheinen ließ. Nahezu halslos saß der Kopf auf dem wuchtigen Oberkörper. Außerdem dienten die Schals dazu, Brenners empfindliche Gesundheit vor den Bakterien und Viren zu schützen, die ihn ständig bedrohten. Seine Haare waren stoppelkurz und fast grau und standen in einem auffälligen Kontrast zu seinem Gesicht, das von feinen roten Äderchen durchzogen war. Ein aufgeblasener und stark gealteter Johannes B. Kerner.

Brenner gab hier den Ton an. Und der war alles andere als sanft. Das zog besonders bei Tanja. Sie war ganz scharf auf Autoriät. Manchmal hatte er fast den Eindruck, als genieße sie es, eine reingewürgt zu kriegen. Kein Wunder bei der schlappen Socke von Alt-68er-Vater und seiner Laissez-faire-Erziehung. Auch die Dachwohnung hatte Papi spendiert. Der ließ sich von seinem Töchterchen ganz schön auf der Nase herumtanzen. Auch in ihrer WG sagte Tanja, wo's lang ging. Ihre beiden Mitbewohner konnten einem fast leid tun. Aber Brenner hatte, wie gesagt, mit seinem Kommandoton bei Tanja keine Autoritätsprobleme.
Rosa war dagegen ein anderes Kaliber. Schon rein figurmäßig. Manchmal war sie direkt widerspenstig. Doch irgendwie fuhr sie auf das theoretische Geschwafel ab, das Brenner aus therapeutischen Gründen abließ. Seit er ihr den Decknamen Rosa verpaßt hatte, führte sie sich auf wie die Revolution persönlich. Und Bloch, ach Bloch. Über ihn konnte Brenner nur den Kopf schütteln. Bloch, dieses Weichei. Fast tat ihm der Junge leid. Aber auf Einzelschicksale konnte keine Rücksicht genommen werden. Das hatte so oder so ähnlich sogar Lenin schon gesagt. Gar nicht schlecht, der Satz, ging es ihm durch den Kopf.
Hört mal zu, ihr Pfeifen, fuhr er sie an, *auf Einzelschicksale kann keine Rücksicht genommen werden. Das hat schon Lenin gesagt. Wer nicht spurt, wird eliminiert.*
Das saß.
Brenner hatte von den wilden Jahren der Studentenrevolution nur noch die schwachen Nachwehen und den pseudolinken Wortschatz mitgekriegt. Seinerzeit studierte er an der Albert-Ludwigs-Universität Soziologie und Rechtswissen-

schaft, um dann als Anwalt eine weniger als mittelmäßige Karriere zu starten. Seine gesamte Kundschaft bestand aus einer Handvoll Linker und Autonomer, die naturgemäß dann und wann mit dem Gesetz in Konflikt kam und naturgemäß so gut wie keine Honorare zahlte. Als Rechtsbeistand war er szenebekannt, immerhin verfügte er über langjährige Erfahrungen in der subversiven Arbeit: Häuserkampf, Friedensbewegung und das Freiburger Landgericht. Daß er der logistische Kopf der DRIÜ war, ahnte allerdings niemand.
Sein Engagement in der Truppe hatte er mehr als einmal bereut. Es war verdammt noch mal kein Vergnügen, mit diesen Anfängern zu arbeiten. Außerdem war der Scheiß-Pritt-Stift trocken. Er warf den Kleber in den Mülleimer.
Wenn sich das nicht ändert, könnt ihr euren Öko-Scheiß ohne mich machen. Ihr habt ja noch nicht mal die Bombe richtig angebracht, schnauzte er. *Ich hab gesagt, an den Füßen, nicht am Kopf. Das muß man doch unterscheiden können. Aber sogar dazu seid ihr zu blöd. Steigt mit 'ner Leiter nachts da hoch! Wenn die euch erwischt hätten, wärt ihr jetzt im Knast.*
Er stemmte sich vom Küchentisch hoch und holte ein neues Bier aus dem Kühlschrank. Die Flasche öffnete er mit den Zähnen. Dann nahm er einen tiefen Schluck und zündete eine Marlboro an. Er kniff die schmalen Augen zusammen und inhalierte tief. Sofort meldete sich seine Lunge. Er hustete ausgiebig.
Die Berthold-Schwarz-Aktion kostete ihn den letzten Nerv. Aber was konnte man von einem mickrigen Sponti-Haufen wie der DRIÜ schon erwarten. Es stank ihm gewaltig, sich mit ein paar Reihenhäusern auf Freiburgs größter Sicker-

grube befassen zu müssen. Er musterte die drei Gestalten am Küchentisch. Kindergarten, dachte er verächtlich. Noch grün hinter den Ohren. Völlig unfähig, strategisch zu denken, aber den Kopf voller Flausen. Schon allein der dämliche Name: Das Rieselfeld Ist Überall! Das ökologische Gleichgewicht in der Breisgauer Bucht wollten sie retten. Den Größenwahn der Stadtverwaltung stoppen! Er grinste in sich hinein. Nun ja, das wollte er auch. Aber eben anders. Egal, er unterdrückte ein Seufzen, ein Gutes hatte die Sache. Die DRIÜ war Wachs in seinen Händen. Er sah auf die Uhr. Es war fast neun.
Es wird höchste Zeit, sagte er.

Der Freiburger Korrespondent der Deutschen Presseagentur dpa schüttelte den Lockenkopf. Der Bekennerbrief, der vor ihm auf dem Schreibtisch lag, hatte ihn den ganzen Tag auf Trab gehalten. So war es noch nicht mal in den heißen Zeiten von Dreisameck und Schwarzwaldhof gewesen. Selbst damals, mitten im Häuserkampf, gab es doch bestimmte Spielregeln der demokratischen Streitkultur. Gut, dachte er. Man hatte zwar skandiert „Haut die Bullen platt wie Stullen!" oder „BZ ins Klosett!" Aber so weit war man auch in den Zeiten von RAF und bewaffnetem Widerstand in Freiburg nicht gegangen. Nie, da war er sich sicher, nie war in der gemütlichen Breisgau-Metropole eine Bombe hochgegangen. Und nun dieses Bekennerschreiben einer Organisation, mit der er auch beim allerbesten Willen nichts anfangen konnte:

Die RAF ist toT, wiR nicht!

Die REvolution lEbt.

Wir FORdern:

Stoppt den ökologischen Wahn in Freiburg!
Sofortige Einstellung des Baus der B31 Ost neu!
Stoppt den Rieselfeld-Ausbau!
Stoppt den Größenwahn in Freiburg!
Umwandlung der KTS (Konzerthaus) in
ein autonomes Jugendzentrum!
Touristen raus aus Freiburg!
Junkerland in Bauernhand!
Rückführung aller Fremdenverkehrsbetten in billigen
Wohnraum!
Wenn Ihr unsere Forderungen nicht erfüllt, tanzt der Bär in
Phreiburg. Berthold Schwarz war erst der Anfang.

gez. Kommando „Das Rieselfeld Ist Überall!" (DRIÜ)

Der Korrespondent schüttelte abermals den Kopf. Von einem Kommando „Das Rieselfeld Ist Überall" hatte er noch nie gehört. Diese Art blanker Anarchie war eindeutig ein Kind der posthumanistischen Spaßkultur, einer Gesellschaft ohne Werte, in der die Jugendlichen keine Orientierungspunkte mehr finden konnten. Er atmete tief durch. Der Brief hatte ihm jetzt schon jede Menge Überstunden eingebracht. Warum mußten sich diese Chaoten auch ausgerechnet ihn als Adressaten aussuchen? Er haute mit der flachen Hand auf den Tisch, daß der Stapel durchgearbeiteter Konkurrenzblätter schwankte. Nicht genug, daß er den ganzen Vormittag auf der Polizeiwache und den Nachmittag im Rathaus gesessen hatte. Auch seine Sekretärin war seit Wochen krank, und die Arbeit türmte sich auf dem Schreibtisch. Seit der Regierungspräsident fast den gesamten Schwarzwald zum Naturpark ausgerufen hatte, war die Arbeit nicht weniger geworden. Immerhin steckte EU-Geld in dem Projekt, mit dem in erster Linie der Tourismus im Schwarzwald gepuscht werden sollte. Die Folge davon war, daß man die gesamte Journaille von einem Pressetermin zum anderen hetzte, um aller Welt das Hohelied des Schwarzwalds zu singen. Und jetzt dieser Bombenanschlag. Wütend hämmerte der Korrespondent seine Meldung in den Computer:

ANSCHLAG IN FREIBURG!

dpa erhielt Bekennerschreiben

Anarcho-Gruppe bekennt sich zum Anschlag in der Innenstadt

Bei dem gestrigen Bombenanschlag auf das

Berthold-Schwarz-Denkmal in Freiburg handelt es sich offensichtlich um die Tat einer bisher nicht in Erscheinung getretenen anarchistischen Sponti-Gruppe mit dem Namen „Das Rieselfeld Ist Überall“, kurz: DRIÜ. In dem Schreiben richtet die Gruppe einen höchst konfusen Forderungskatalog an die Stadt Freiburg. „Wir betrachten diese Forderungen als einen Dumme-Jungen-Streich“, so ein Pressesprecher der Stadt Freiburg. „Dennoch müssen wir die Gruppe ernst nehmen. Immerhin geht es um unsere Stadt.“ Wie aus dem Bekennerbrief hervorgeht, operiert die Gruppe auf der Basis einer aggressiven Umwelt-Ideologie. Sie will den einst in Freiburg ökologisch höchst umstrittenen Ausbau des neuen Stadtteils Rieselfeld stoppen. Wohnraum sollte durch den sofortigen Verzicht auf jeglichen Fremdenverkehr in der Breisgau-Metropole geschaffen werden. Die Stadtverwaltung rechnet nicht mit weiteren Anschlägen.

dpa

Oberlinden-Hock

Jean-Marie Hämmerle lehnte neben dem Schwabentor an seinem Taxi und blinzelte in die untergehende Sonne. Die Oberstadt war nicht gerade ideal für das Geschäft. Am Bahnhof war doch etwas mehr los gewesen, aber dennoch fühlte Jean-Marie einen gewissen Stolz, ausgerechnet hier seiner Arbeit als Wagenlenker nachzugehen. Seit jeher hatte Oberlinden innerhalb der Stadtquartiere eine besondere Stellung inne. Schon vor Jahrhunderten war der Strom der Reisenden und Kutschen Richtung Oberschwaben hier vorbeigezogen, wo sich die alten Handelsstraßen kreuzten, die jenseits des Schwabentors über die Dreisam führten. Alle möglichen Gewerbe hatten sich am Fuße des Schloßbergs angesiedelt, um die Reisenden vor dem langen und gefährlichen Weg durch das schwäbische Oberland mit allem Notwendigen zu versorgen. In jüngster Zeit hatte in dieser Gegend ein ganz besonderer Gewerbezweig der Sparte „Verkehr" von sich reden gemacht. Dem Protest der entrüsteten Nachbarn zum Trotz sollte die eine oder andere Immobilie horizontalen Zwecken dienen. Doch mit den Gefahren, die vor den Stadttoren lauerten, wußte man in Freiburg seit alters her umzugehen. Zum Beispiel war es für die Badener schon immer gefährlich gewesen, sich mit Schwaben einzulassen. Daran erinnerte auch der Schloßberg. Vor vielen Jahren war auf dem 452 Meter hohen Hügel eine gigantische Festungsanlage errichtet und in dem unsicheren alemannischen Grenzgebiet jahrhundertelang mal erweitert, mal geschleift worden. Angeblich gab es aus jener Zeit immer noch ein geheimnisvolles Labyrinth unterirdischer Fluchtwege im Innern des Hügels.

Hast du das gelesen? Der Kollege vom Nachbar-Taxi blies Hämmerle einen Schwall Zigarettenqualm ins Gesicht und wedelte mit der BILD-Zeitung.

Jean-Marie verzog den Mund. Er war differenziertere Analysen gewohnt. Als Privatgelehrter und nach eigener Einschätzung letzter aufrechter Linker der Breisgau-Metropole waren ihm die Springer-Presse und alle, die damit zu tun hatten, ein Greuel. Er reckte den Hals, um die Schlagzeile zu entziffern, die ihm sein Kollege vor die Nase hielt.

BOMBENTERROR IN FREIBURG

stand da in zentimeterhohen Lettern. Vielleicht sollte man der Sache mit den Fluchtwegen mal nachgehen, dachte Hämmerle, wer weiß, ob diese Wahnsinnigen nicht noch die ganze Stadt in die Luft jagen. Zwei Tage nach dem Anschlag saß ihm der Schock noch immer in den Gliedern. Seinen Lebtag lang würde er keinen rohen Fisch mehr essen, Reduktion hin oder her. Die Standard-Kluft (Socken und Boxershorts von vorgestern, eine zeltgroße 501 in verwaschenem Blau, T-Shirt vom Vortag und eine winzige ockergelbe Lederweste, die schlank machen sollte) stank immer noch. Lediglich die Birkenstocksandalen waren einsatzfähig. Dazu trug er jetzt eine grellbunte Bermuda und ein Hawaiihemd. Bei der Hitze, die Freiburg seit Tagen im Griff hatte, war ihm der Wechsel relativ leicht gefallen.

Da waren wieder deine Chaoten am Werk. Der Kollege ließ nicht locker. *Von denen hälst du doch so viel. Die machen*

noch unseren Job kaputt. Wenn hier eine Bombe nach der anderen hochgeht, kommt doch keine Sau mehr, Garantie!
Blödsinn, raunzte Hämmerle. Aber irgendwie hatte der Mann recht. Zwar schlug sein Herz seit jeher für den linken Widerstand, gerade in Freiburg, einer Stadt, der er schon seit Jahren den selbstverschuldeten Untergang durch fortschreitende Schickimickisierung prophezeite. Und eigentlich konnte Hämmerle die Forderungen der DRIÜ ja voll unterschreiben. „Freiburg den Freiburgern" hatte er trotz seiner Lahrer Herkunft schon immer verlangt, die B31 Ost neu konnte er nicht leiden und und eine Eigentumswohnnung im Colombi-Hotel wäre nicht das Schlechteste. Die Crux war nur, daß er als Taxifahrer vom Tourismus lebte. Und die DRIÜ war gerade dabei, den Ast abzusägen, auf dem er saß. Was dazu führte, daß auch bei ihm erst das Fressen kam und dann die Moral. Sein Blick fiel auf das grobkörnige Amateurfoto in der BILD-Zeitung, das den kopflosen Berthold Schwarz und flüchtende Menschen zeigte. Am unteren Bildrand glaubte er den Oberbürgermeister zu erkennen, der hinter dem Mauervorsprung am Eingang des Rathauses in Deckung gegangen war. Fast konnte er mitfühlen mit dem Mann.
Was die wollen, ist doch voll der Wahn, ey, schimpfte sein Kumpel weiter. *Das Rieselfeld abschaffen! Voll krass. Gerade jetzt, wo es fertig ist. Und dann das mit den Fremdenverkehrsbetten. Wolltest du dauernd im Hotel wohnen?*
Hämmerle zuckte die Schultern. Gegen einen anständigen Hotelservice hätte er eigentlich nichts einzuwenden gehabt. Aber das wollte er seinem Kollegen lieber verschweigen. Er zog es vor, das Private vom Geschäftlichen zu trennen.

Feierabend! rief er statt einer Antwort seinem Kollegen zu. Inzwischen war die Sonne hinter den Dächern verschwunden. Es lohnte kaum noch, auf Fahrgäste zu warten. Die letzten Touristen hatten sich in die Kneipen und Biergärten verzogen oder waren zum Zelt-Musik-Festival aufgebrochen. Auch Hämmerle zog es hinaus zum Mundenhof. Er wuchtete sich in den Benz der Taxizentrale, glühte den Diesel kurz vor, was bei dieser Hitze eigentlich nicht nötig gewesen wäre, und bretterte davon. Die Stunde im Stau auf dem Autobahnzubringer Mitte kam ihm als kleine Verschnaufpause gerade recht.

Die Farm der Tiere

Vor den Toren der Stadt funkelten die Lichterketten mit den Sternen um die Wette. Zu Tausenden strömten Touristen und Einheimische Jahr für Jahr auf das Gelände des Zelt-Musik-Festivals am Mundenhof, um sich zu Höchstpreisen gleichzeitig mit Klassikpoprockjazz volldröhnen zu lassen. Die Klassikfreunde zogen regelmäßig den Kürzeren. Zeltwände konnten verdammt dünn sein.

Es ging hoch her. Dichter Smog aus Altöl, Fritten und Bratwurst hing über den Zelten. Jongleure und Feuerschlucker dilettierten umsonst und draußen. Die Freiburger standen in langen Schlangen um lauwarmes Bier an oder flanierten ohne Rücksicht auf ihr Schuhwerk über den knochentrockenen Platz. Um zu sehen und gesehen zu werden, nahm man einiges in Kauf. Im VIP-Zelt kloppten sich die Sponsoren um Kaviar und Champagner und gegenseitig auf die Schultern.

Jean-Marie Hämmerle lehnte beim Volk am Bierstand. Sein alter Freund und Saufkumpan Dieter Pikulski zapfte hier für die Dauer des Festivals. Seit kurzem war Dieter ohne festen Job, und wie es nach dem Festival weitergehen sollte, wußte er nicht. Seine alte Stelle im Belle Epoque, wo er seit Menschengedenken Drinks und Damen aufmischte, hatte er hingeschmissen. Irgendwie hatte sich das Lokal in den vergangenen Jahren schwer verändert. Auffällig viel Leder. Den Rest gegeben hatte Dieter die Ankündigung der AIDS-Hilfe, jeden Dienstag abend im Lokal eine Beratung anzubieten.

Von allen Bühnen her dröhnte Musik.
Früher war das Programm auch besser, moserte Hämmerle. *Welcher ernsthafte Musiker kann denn in dem Lärm hier spielen?*
Pikulski zuckte mit den Schultern und pflanzte ein neues Bier vor Jean-Marie. Das war eine Frage, die ihn weniger interessierte. Er konnte Musik sowieso nicht leiden.
Der hat damit wohl keine Probleme, Hämmerle zeigte mit dem Daumen über die Schulter. Aus dem Spiegelzelt schepperte alter Rock'n'Roll. Wie immer, wenn Many mit seinen Teddyshakern auftrat, war die Veranstaltung schon Wochen im voraus ausverkauft. Eine an sich erstaunliche Tatsache, da sich das Programm der Band in den letzten zwanzig Jahren nur geringfügig geändert hatte. Aber das war es eben, was die Menschen im Breisgau liebten: keine Experimente.

Im Innern des Spiegelzeltes war der Bär los.
You ain't nothing but a hound dog, röhrte die badische Rache für Elvis Presley ins Mikro und schüttelte das verbliebene Haupthaar, *rockin' all time.*
Unter dem Gejohle des Publikums stieg der Pianist aufs Klavier und hämmerte ein Solo in die Tasten.
You ain't nothing but a hound dog, Many ließ die Hüften kreisen. Spitze Schreie feuerten ihn an. Das Rund des historischen Spiegelzelts glich einem Hexenkessel. Dazu trug schon die Sommerhitze bei. Irgend jemand aus dem Publikum brüllte:
Ausziehen!
Besser nicht!! kam es zurück. Die meisten im Publikum waren Stammgäste.

Many tat sein Bestes, um die schwüle Stimmung zum Überkochen zu bringen:
Love me tender, hauchte er jetzt ins Mikro, *love me true, all my dreams fullfill ...*
Er war gerade an der leisesten Stelle des Stücks angekommen, als am Eingang einige Frauen kreischten.
Ladies, Many hob beschwörend die Hand, *alles zu seiner Zeit. Love me later when you will, never let me ...* Der Rest blieb ihm im Halse stecken. Nicht sein Sex-Appeal war der Grund für die Aufregung gewesen. Ein Wasserbüffel hatte sich den Weg ins Zelt gebahnt. Unsicher sah sich das riesige Tier um. Dann senkte es den Kopf mit den mächtigen Hörnern und raste auf die Bühne zu. Many und seine Mannen hechteten zur Seite. Fassungslos sahen sie zu, wie der Büffel die Bühnendeko niederwalzte und durch die Rückwand des Spiegelzeltes ins Freie verschwand.

Der Wasserbüffel war nicht allein gekommen. Draußen auf dem Platz ging es hoch her. Zwei Braunbären enterten den Stand mit türkischem Honig. Eine Horde Java-Äffchen kaperte die Süßigkeiten-Bude. Der Chef der Truppe labte sich an Kokosspalten und Bananenspießen. Ein kleines Äffchen saß mit steil aufgerichtetem Schwanz in der Kupferwanne für Zuckerwatte und drehte ein paar Runden. Gemeinsam mit zwei ungarischen Zackelschafen überfiel ein Rudel Meerschweinchen den vegetarischen Dönerstand. Ebenfalls aus Ungarn stammten die Steppenrinder und die Mangalitzer Schweine am CD-Stand. Ein Puma verdrückte die letzte Bratwurst. Hinter einer Zeltplane nagte ein kleiner Alligator an einer Sandale, die irgend jemand verloren hatte.

Fast die gesamte Besatzung des nahen Tiergeheges am Mundenhof tummelte sich auf dem Festplatz des ZMF. In wilder Panik rannte das Publikum vor den ungewohnten Besuchern davon. Ein paar blonde Mitarbeiterinnen der Stadtverwaltung, die außer der Reihe einen kleinen Betriebsausflug zum Mundenhof unternommen hatten, waren auf die Lichtbrücke über der Freilichtbühne geklettert und schrien nun um Hilfe. An den Stadtbussen und beim Fahrradparkplatz kam es zu verzweifelten Szenen. Wer sich in seinem Auto verschanzt hatte, saß jetzt in der Falle. Eine Gruppe afrikanischer Zwergziegen nutzte das Blechgebirge als Abenteuerspielplatz und zerkratzte den Lack von Wagendächern und Motorhauben. Die Wohnmobilbesitzer aus der Wiehre verrammelten die Türen und richteten sich für die Nacht ein. Am nächsten Morgen würden wieder jede Menge Lehrer zu spät zur Schule kommen.
Von all dem hatte man im großen Zirkuszelt noch nichts mitbekommen. Seit geraumer Zeit war der Chef des ZMF dabei, das Publikum gewohnt ausführlich in das Programm des Abends einzuführen. Die große Kleinkunstgala mit lokalen Kleinkunstgrößen aus Kabarett und Comedy sollte, so hoffte man auf den Rängen, in Kürze beginnen. Der Chef hielt inne, um tief durchzuatmen. Mitten in die Pause hinein grunzte es laut. Ein Beleuchter richtete den Verfolger in die Manege. Er traute seinen Augen nicht. Im Mittelgang grub eine Wildschweinmutter mit ihren Frischlingen nach Eicheln.

Jean-Marie Hämmerle hatte das Chaos staunend aus der sicheren Deckung des Bierstandes heraus beobachtet.

Orwell, schoß es ihm durch den Kopf, Orwell und die Endzeit. Die Farm der Tiere ein Dreck dagegen. Sollte es schon so weit sein? Hatten die Tiere bereits die Herrschaft übernommen? Zumindest hatte ihm das Tohowabohu einige Freibier eingebracht. Bei dem Tumult würden auch die gestrengen Kontrolleure des Hauptsponsors nicht mehr dazu in der Lage sein, den Bierverkauf ordnungsgemäß zu überprüfen. Pikulski sah das genauso. Er war gerade dabei, für das leibliche Wohl einer blondgesträhnten Lady zu sorgen, die hinter den Tresen geschwemmt worden war.
Das war ja wie auf der Arche Noah, was? Dieter drückte der Lady etwas Härteres als eines der besten Biere der Welt in die Hand.
Ich hoffe, ich sehe nicht aus, wie wenn ich damals auch dabei gewesen wäre, schmollte die Lady und griff in ihr Haar. Dann kippte sie die braune Flüssigkeit. Dieter goß nach.
Ganz im Gegenteil, flötete er. *Sie sehen klasse aus. Das blühende Leben. Wie Sie das alles hier überstanden haben – ganz großes Kompliment.*
Oh nein, nicht schon wieder eine von Pikulskis Touren, flehte Hämmerle inbrünstig. Er kannte Dieters Bagger-Methoden, und das Erstaunliche war, daß sie immer wieder funktionierten. Anscheinend auch hier.
Die Dame lächelte geschmeichelt und machte Kulleraugen: *Nun ja,* sie schauderte ein klein wenig, *es war schon sehr gefährlich da drin bei Many. Als dieser Riesenstier auf mich zurannte und mich fast auf die Hörner genommen hat, habe ich zu mir gesagt: Susi, hab ich gesagt, jetzt hat dein letztes Stündlein geschlagen.*

Susi, toller Name, schmachtete Dieter.
Hämmerle zuckte zusammen. Da hatte er doch glatt „Sushi" verstanden. Das Ganze ging ihm mächtig auf den Keks. Und jetzt setzte Pikulski auch noch zum Frontalangriff an. *Fast beneide ich den Stier,* säuselte er und legte seine Hand auf den nackten Oberarm der Blondine.
Irgendwo fiepste es. Hämmerle schielte über seinen Wanst und sah jenseits der Balustrade einen zitternden kleinen Hund sitzen. Offensichtlich gab es auch im Reich der Tiere Herrscher und Beherrschte, Angst und Widerstand. Hatte nicht ein Schwein namens Napoleon auf der Farm der Tiere die Tierwelt zuerst aufgehetzt und dann unterjocht? Er beugte sich über die Bretterwand und brachte die rabenschwarze Promenadenmischung in Sicherheit.

Am nächsten Sonntag erhielt der Freiburger dpa-Korrespondent, der wie immer in letzter Zeit Wochenenddienst hatte, einen weiteren Bekennerbrief des Kommandos „Das Rieselfeld Ist Überall". Darin hieß es unter anderem: „Die Stadt reagiert nicht. Der Mundenhof war nur das Vorspiel. Die Natur holt sich das Rieselfeld zurück. Wir kommen wieder!"

Freiburg stinkt

Morgens um fünf war die Welt in Freiburgs Innenstadt für gewöhnlich noch in Ordnung. Die arbeitende Bevölkerung schlief den Schlaf der gerechten Werktätigen und Beamten. Die letzten Studenten gingen ins Bett. Die ersten Vögel wischten sich den Schlaf aus den Augen. Überall begann es zu zwitschern und zu tirilieren. Noch fuhren keine Autos auf dem Schloßbergring. Erst in zwei bis drei Stunden würden sich die ersten Angestellten und Beamten auf den Weg zur Frühschicht machen und die kurzen Asphaltstrecken zwischen den sommerlichen Baustellen hoffnungslos verstopfen. Die aufgehende Sonne färbte den Himmel rosa.
Jean-Marie Hämmerle schnorchelte in seinem Taxi dem Tag entgegen. Die Nachtschicht hatte nicht viel Umsatz gebracht. Hin und wieder öffnete sich sein herzförmiger Mund. Einmal zuckte er heftig zusammen, als stünde urplötzlich der riesige Wasserbüffel vom ZMF vor ihm.
Eine leere Bahn der Linie 1 rumpelte durch das Schwabentor. Jean-Marie schreckte für einen Augenblick hoch und sackte dann wieder in sich zusammen. Träge sah er sich um. Am Rückspiegel baumelte ein Duftbaum „Original Schwarzwälder Tanne“. Auf dem Boden vor dem Beifahrersitz lagen ein paar zusammengeknüllte Schokoriegelhüllen und ein leerer Tetrapack Côtes du Rhône samt Plastikbecher. Hämmerles Blick wanderte zum Nebensitz. Eingekuschelt in einen Pullover schnarchte ein kleiner Hund leise vor sich hin.
Mist, murmelte Jean-Marie. Seit er dem Köter beim ZMF das

Leben gerettet hatte, wurde er ihn einfach nicht mehr los. Mehrfach hatte er dem Hund bei kurzen Gängen in den Sternwald die Möglichkeit gegeben, abzuhauen. Aber Castro, wie Hämmerle den Straßenköter nannte, war nicht von seiner Seite gewichen.
Hämmerle reckte sich und atmete tief durch. Er schnupperte. Es müffelte ziemlich. Heute abend würde er Castro in die Badewanne stecken. Er kurbelte das Fenster neben dem Fahrersitz herunter und steckte den Kopf hinaus. Ein Schwall fauliger Luft traf ihn wie ein Hammer. Jaulend wachte Castro auf. Das kam eindeutig nicht von dem Hund. Das kam von draußen. Und zwar gewaltig. Jean-Marie angelte sein Palästinensertuch vom Rücksitz und hielt sich den Feudel vor die Nase. Vorsichtig stieg er aus. Der Gestank schien von der Insel zu kommen. Hämmerle tappte hinunter zum Gewerbekanal und beugte sich über das Geländer. Im Kanalbett schwappte eine bestialisch stinkende braune Brühe. Daneben, auf der hellgrau getünchten Mauer der Wäscherei Himmelsbach, prangte in riesigen roten Lettern das Kürzel "DRIÜ" in einem RAF-Stern, gekrönt von einer fetten Klobürste. Wahnsinn, schoß es Jean-Marie durch den Kopf. Irgend jemand mußte hektoliterweise Gülle in den Kanal gekippt haben. Erst die Bombe, dann der Mundenhof und jetzt das. Mitten in der Touristensaison. Das war Freiburgs Untergang. Und sein eigener dazu. Er würgte und stolperte zurück zum Auto. Nix wie weg. Erst in derWohnung in der Zasiusstraße wachte Castro aus seiner Ohnmacht wieder auf.

Am Mittag bot die Breisgau-Metropole ein ungewohntes

Bild. Straßen und Plätze waren wie leergefegt. Zum ersten Mal seit Menschengedenken war der Münstermarkt ausgefallen. Schon auf den Zufahrtstraßen zur Innenstadt hatten die Bauern und Händler ihre Lieferwagen gewendet und kehrtgemacht. So stank es nicht mal, wenn sie ihre Felder am Kaiserstuhl düngten. Sogar die Frühmesse im Münster war abgebrochen worden, nachdem einer der Minestranten würgend hinter der Empore verschwunden war. Rund um den schönsten Turm der Christenheit waren die Stühle und Tische der Straßencafés erst gar nicht aufgestellt worden. Geschäfte und Kaufhäuser hatten Türen und Fenster trotz der Hitze verrammelt. Wer eine Klimaanlage besaß, schaltete sie ab.

Die Touristen, die für gewöhnlich in dieser Jahreszeit das Straßenbild beherrschten, hatten sich in ihren Hotelzimmern verschanzt oder waren in den Naturpark Hochschwarzwald geflüchtet. Schlimmer konnte es zwischen Kuhställen und Misthaufen auch nicht riechen. Die Organisation „Urlaub auf dem Bauernhof" verzeichnete eine sprunghafte Nachfrage nach Zimmern. Im Freiburger Verkehrsamt glühten die Telefonleitungen und die Ohren der Angestellten. So waren sie an einem einzigen Tag noch nie zusammengeschissen worden. Wütende Touristen drohten damit, die ganze Besatzung der Tourist-Information mit dem Kopf voran in den Gewerbekanal zu tunken. Freiburg stank zum Himmel. Einzig die orangeroten Fahrzeuge der Stadtreinigung und die Bächleputzer waren ununterbrochen im Einsatz. Das würde die Stadt eine schöne Stange Geld und jede Menge Überstunden kosten. Die Gülle, die ein paar Irre in den Gewerbebach eingeleitet hatten, war zwar längst in Richtung Rhein entschwunden. Aber der Gewerbebach speiste als Hauptzufluß das gesamte Bächlenetz der Stadt, und so hatte sich die trübe Brühe überall verteilt und in den Fugen und Ritzen der gepflasterten Wasserläufe festgesetzt. Da half nur noch schrubben. Meter um Meter. Zu allem Überfluß hatten die anonymen Täter an der Sandfangbrücke das Wehr am Abzweig des Gewerbekanals geschlossen und so verhindert, daß frisches Wasser in das Bächlesystem nachfloß. Die Verbrecher hatten ganze Arbeit geleistet.

Ganze Arbeit! Hämmerle haute mit der Faust auf den Tisch.
Das war mindestens ein Tankwagen voll.
Die sollte man in der Brühe ersäufen. Dieter Pikulski war aus seiner Wohnung in der Freiburger Innenstadt Richtung Wiehre geflüchtet. Blaß und übernächtigt hockte er in Hämmerles Wohnzimmer auf dem Sofa und kraulte Castro. Dabei versuchte er, mit einem doppelten Selbstgebrannten seine aufgeregten Magennerven zu beruhigen. Aus den Augenwinkeln beäugte Jean-Marie Pikulskis muskulösen Oberkörper. Sogar beim Kraulen des Hundes kamen Dieters Muskeln unter dem dünnen T-Shirt dermaßen in Bewegung, daß das Goldkettchen auf seiner Brust regelrecht hüpfte. Der Hund stöhnte leise.
Ist das etwa ein Männchen? Pikulski zog seine Hand zurück.
Ich möchte nur wissen, wo die das Zeug her haben.
Das ist echt keine Kunst. Jean-Marie plusterte sich auf. *Fahr doch mal in den Schwarzwald. Da kreuzen diese Güllebomber quasi überall rum. Vielleicht haben so ein paar Komiker einfach einen entführt.*
Aber wieso? fragte Pikulski. Hämmerles Freund aus den

gemeinsamen Lahrer Kindertagen hatte heute Mühe beim Nachdenken. Er arbeitete mit den Backenknochen, daß sein markantes Kinn mit den Kirk-Douglas-Grübchen krachte. *Ist doch sonnenklar. Da will einer dem OB ans Leder,* erklärte Hämmerle.

Pikulski verstand kein Wort.

Überleg mal, Hämmerle klatschte sich mit der flachen Hand an die Stirn. *Stell dir vor, wie seine Gegner jetzt feixen. Das ist doch Wasser auf die Mühlen. Ausgerechnet die deutsche Öko-Hauptstadt stinkt. Das steht morgen garantiert wieder in der BILD.*

Das hast Du jetzt davon, giftete Pikulski und schubste Castro vom Sofa. *Du immer mit deinen linken Chaoten. Jetzt sitzt du selbst in der Scheiße. Wenn keiner hier mehr Ferien macht, bist du bald pleite. Und ich übrigens auch. Schließlich arbeiten wir beide im Dienstleistungsgewerbe.*

Man müßte mal mit denen reden, meinte Hämmerle. *Die treffen doch mit ihren Aktionen das Proletariat. Das muß man denen sagen. Die wiederholen quasi die Fehler der Oktoberrevolution. Da sind auch die Proletarier draufgegangen. Die Ziele stimmen. Aber die Mittel sind Scheiße. Davon muß man die überzeugen.*

Pikulski schabte sich genervt über den Dreitagebart:

Hör doch auf mit deinem linken Gequatsche. Wie stellst du dir das denn vor? Und überhaupt. Wie willst du an die rankommen? Du weißt doch gar nicht, wer das ist. Meinst du, die warten auf den großen Herrn Hämmerle, daß der ihnen sagt, was sie tun sollen?

Jean-Marie nahm Castro auf den Arm und streichelte ihn:

Laß mich mal überlegen. Ich hab da noch ein paar alte Ver-

bindungen. Schließlich, Hämmerles Stimme wurde spitz, *habe ich im Gegensatz zu dir eine politische Vergangenheit. Du hast dich ja immer rausgehalten.*

Ich? Wieso? Pikulski grinste. *Bei der sexuellen Revolution war ich ganz vorne mit dabei. Im Gegensatz zu dir.*

Hämmerle wurde rot. Es war unmöglich gewesen, Frauen ins Collegium Borromäum einzuschleusen, wo er während der wilden Zeit eine Weile gelebt hatte. Er räusperte sich:

Papperlapapp. Ich bin da eben diskreter. Auf jeden Fall kenne ich jemand, der immer noch Kontakt zur Szene hat. Einen Anwalt. Der hat damals die Wagenburgler rausgehauen. Ich hab mit dem mal ein paar Semester lang Soziologie studiert.

Pikulski verdrehte die Augen:

Ich weiß, daß der Herr Hämmerle studiert hat. Aber nehmen wir mal an, du findest den Typen. Wer sagt denn, daß der die kennt? Und überhaupt. Wenn er sie kennt, wird er dir ja wohl kaum was sagen. Das sind doch kriminelle Verbrecher. Meinst du, der traut dir?

Hämmerle machte eine große Geste:

Laß das mal meine Sorge sein. Du kennst ihn übrigens auch. Das ist der mit dem Seidenschal. Walter. Walter Brenner.

Diese Niete? Ach du Scheiße. Der hat mich damals bei meinem Autounfall ganz schön reingeritten. Pikulski war ein rasanter Fahrer. *Dabei sollte er mich raushauen. Und den hattest du mir empfohlen. Mannomann.*

Reg' dich ab. Der Typ kann uns vielleicht helfen. Ich hab einen Plan. Castro, er sah den Hund an, *wir beide machen demnächst einen Zug durch die Gemeinde. Ich glaube, ich weiß, wo wir unseren Informanten finden.*

Castro bellte begeistert.

Am Tag nach dem Gülle-Anschlag herrschte in der konspirativen Wohnung über dem Augustinerplatz Hochstimmung.
Du dummes Stück! kreischte Tanja und versuchte, Rosa an den Haaren zu reißen.
Miese kleine Schlampe. Dir werd' ich's zeigen. Rosa trat ihrer Genossin ans Schienbein. *Du hast uns den ganzen Mist eingebrockt. Du mit deiner Scheiß-Spaßkultur. Keine revolutionäre Disziplin hast du. Das ist 'ne Nummer zu groß für uns. Wenn das rauskommt, kann ich den Öffentlichen Dienst vergessen.*
Spießertussi, du mit deiner Karrieregeilheit. Tanja warf eine Blumenvase in Rosas Richtung.
Au! schrie Bloch und ging in einem Haufen Scherben zu Boden. Es sah inzwischen aus wie auf einem Schlachtfeld. Tanjas Papi wäre gar nicht glücklich. Die Bulthaup-Küche, die er seiner Tochter zum Studienbeginn spendiert hatte, war so gut wie neu.
Du hast gut reden mit dem Geld von deinem Alten. Rosa war nicht wie Tanja mit einem Alessi-Löffel im Mund geboren. Ihr Vater hatte keine Fabrik. Er war beim Zoll und mußte sowieso schon knapsen, um seiner Tochter das Studium zu ermöglichen, nachdem die Studienförderung in sechzehn Jahren Kohl-Regierung heruntergewirtschaftet worden war. Und die Europabegeisterung der Regierung würde ihn bald auch noch den Arbeitsplatz kosten. *Aber du kriegst den Hals ja nicht voll,* kreischte sie. *Erpreßt die Stadt um eine Million und willst die Knete allein einsacken!*

Du weißt genau, daß ich gestern den ganzen Abend zu Hause war! brüllte Tanja außer sich. *Du bist mir ja ständig auf der Pelle gehockt mit deiner blöden Hausarbeit.*
Das kam noch dazu. Im Gegensatz zu Rosa hatte Tanja keine Probleme mit ihrem Jura-Studium. Aber die Abgrenzung von Erpressung und räuberischer Erpressung kriegte Rosa einfach nicht auf die Reihe. Und der Abgabetermin rückte näher.
Walter Brenner saß am Küchentisch, spielte mit seinem gelben Seidenschal und rauchte. Die Szene, die die drei da ablieferten, ging ihm mächtig auf den Senkel. Außerdem machte ihm die Hitze zu schaffen. Sein Blutdruck, den er täglich penibel kontrollierte, erreichte immer neue Spitzenwerte. Sein Magengeschwür meldete sich auch wieder. Zumindest war er sich ziemlich sicher, daß es eins war. Von seinen Nackenschmerzen ganz zu schweigen. Vor ihm lag die BILD-Zeitung, die der Anlaß der Auseinandersetzung gewesen war. In riesigen Lettern stand da zu lesen:

GANZ FREIBURG STINKT!

Terrorgruppe DRIÜ hat wieder zugeschlagen.
Stadt Freiburg wird um 1 Million Mark erpreßt.

Jetzt hört mal auf mit dem Kinderkram, fuhr er dazwischen. *Daß einer von euch allein so ein Ding hinkriegt, ist wohl kaum anzunehmen.* Er grinste verächtlich. *Da ist ein Profi am Werk. Und zwar einer, der unseren guten Namen mißbraucht. Wißt ihr, wie man so jemand nennt? Trittbrettfahrer nennt man so jemand.* Seine Stimme wurde leise. *Und wißt ihr auch, was das bedeutet? Das bedeutet, daß jemand*

in unserem Namen abkassieren will.
Genau, kreischte Rosa dazwischen, *das war Tanja.* Eine Schale Obst flog in ihre Richtung.
Und was tut man dagegen? fuhr Brenner unbeirrt fort.
Am besten schreiben wir einen Brief, daß wir's nicht waren, meinte Bloch, als er wieder auf die Beine kam.
Bist du völlig blöd? Brenner zeigte Bloch einen Vogel. *Willst du der Polizei sagen: Liebe Polizei, wir waren zwar das mit Berthold Schwarz und dem Mundenhof, aber das mit der Gülle nicht, bitte glaubt uns. Willst du das? Nein, ich sage euch, das läuft anders.* Brenner stand auf und zog Bloch ganz nah zu sich heran. *Ich sag dir, was wir machen. Nichts. Soll sich doch ein anderer die Finger schmutzig machen.* Er ließ den Jungen los und setzte sich wieder hin. Unauffällig kontrollierte er seinen Puls. *Man kommt schließlich nicht jeden Tag auf die Titelseite der BILD.*
Bloch glotzte ihn mit offenem Mund an.
Und vielleicht, fuhr Brenner fort, *können wir dem Trittbrettfahrer eine Falle stellen und selber abkassieren.*
Geil, Tanja legte das Fleischmesser wieder in die Schublade.
Und wie soll das gehen? fragte Rosa und kam näher.
Gemach, gemach. Brenner lehnte sich zurück. *Mir ist bis jetzt immer noch was eingefallen.*

Kontaktaufnahme

Am Abend schlappten Jean-Marie und Castro durch Freiburgs Kneipenszene in der Oberstadt. Hier, im Bermuda-Dreieck zwischen Schwabentor, Oberlinden und dem Erzbischöflichem Ordinariat staute sich die Hitze. Seit Wochen erreichten Temperaturen und Ozonwerte ständig neue Rekordmarken. Die Linde an der Gabelung Salzstraße/Herrenstraße ließ trotz der Pflege durch das Gartenamt die Blätter hängen. Auch die Palmen auf den Gehsteigen litten unter den sogar für sie ungewöhnlichen Temperaturen.
Hämmerle schnupperte. Immer noch hielt sich ein leichter Mief in den Straßen der Altstadt. Die wenigen Kneipenbummler bevorzugten geschlossene Räume. Die Straßencafés waren zu.
Walter Brenners Stammkneipe lag ganz in der Nähe des Schwabentors. Hier hatte der Jurist schon zu Studienzeiten gesessen und später als „junger" Anwalt seine ersten Fälle betreut. Immer noch traf er seine Mandanten am liebsten in der Kneipe. Er bevorzugte eine lockere Atmosphäre. Außerdem hatte es sich nie gelohnt, Büroräume anzumieten.
Huhu, Walter! Jean-Marie winkte mit beiden Armen und segelte auf Brenner zu. Der saß an der Theke und verdrückte gerade ein Schnitzel mit Brot. Er spülte den Bissen mit einem großen Schluck Ganter hinunter und winkte huldvoll zurück:
Sieh an, sieh an, der Taximann, reimte er. *Was treibt denn dich hierher? Bei dem Gestank geht doch freiwillig nur ein*

Idiot vor die Tür, was Hämmerle?
Der Hund mußte mal. Jean-Marie deutete entschuldigend auf Castro. *Und da dachte ich, ein kleines Bierchen kann bei dem Wetter nicht schaden.*
Na dann zwei Bier, Charly. Brenner schnippte nach dem Barmann. *Und eine Beefy für die Töle. Aber dort hinten.* Er wies mit dem Daumen in die andere Ecke des Lokals. Brenner mochte keine Hunde. Zu viele Bakterien. Wahrscheinlich auch Flöhe.
Und, wie geht's so, Walter? fragte Jean-Marie beiläufig. Der Plan, von dem er Pikulski erzählt hatte, sah vor, daß er sich seinem eigentlichen Thema auf Umwegen nähern wollte, um dann gezielt ins Wespennest zu stechen.
Man lebt, man lebt, entgegnete Brenner. *Bißchen hohe Cholesterinwerte. Und selbst?* Brenner schob sich den letzten Bissen Schnitzel in die Backen.
Ja, ja, Hämmerle nickte bedächtig mit dem Kopf. *Tut gut, mal wieder mit 'nem alten Kumpel zu reden.*
Die beiden schwiegen eine Weile.
Das mit dem ...
Hast du schon ...
fingen beide gleichzeitig an.
Nach dir, sagte Hämmerle.
Nein, du zuerst, Brenner gab sich großzügig.
Also, das mit dem Gestank gestern, das war ja abartig. Jean-Marie schüttelte sich demonstrativ. *Wer wohl hinter dieser DRIÜ steckt?*
Brenner zuckte mit den Schultern.
Also ich meine, fuhr Hämmerle fort, *das war ein Volltreffer. Strategisch gesehen. Freiburg stinkt, und das mitten im*

Sommer. Das müssen ganz schön clevere Typen sein.
Und wie läuft's so im Taxigewerbe? Brenner musterte Jean-Marie von oben bis unten. *Kannst du dir inzwischen nicht mal mehr eine vernünftige Hose leisten?* Er zupfte an seinem roten Schal und hustete.
Hahaha, lachte Hämmerle gekünstelt, *immer der Alte.* Verstohlen versuchte er, das miamiblaue Hawaiihemd mit der orangen Palme über seine neongrüne Bermuda zu ziehen. *Das war doch echte Profiarbeit,* machte er unbeirrt weiter. *Oder wie siehst du das, Walter?*
Walter ging das Ganze mächtig auf den Keks:
Hör mal ..., fing er an.
Weißt du was? fragte Hämmerle. *Am liebsten würde ich da mitmachen. Die Leute haben wenigstens noch Ziele. Stoppt den Bau der B31. Das ist doch mal was Neues. Und das mit dem Rieselfeld. Ganz große Klasse.* Er schnalzte mit der Zunge. *Da soll wieder mal das Proletariat über die Bahngleise abgeschoben werden. Dagegen muß man doch was tun. Und dann das mit der Gülle. Schon der Name. „Das Rieselfeld Ist Überall", einfach geil.* Jean-Marie klatschte sich vor Begeisterung auf die nackten Schenkel, daß die Schweißperlen davonstieben.
Schon möglich, murmelte Brenner und rückte von Hämmerle ab. Er dachte nach.
Sag mal, Hämmerle senkte die Stimme und beugte sich konspirativ zu Brenner. *Hast du nicht zufällig 'ne Ahnung, wer das sein könnte? Weißt du, das mit dem Taxifahren, das reicht mir nicht, politisch und so. Ich suche schon lange Kontakt zu ein paar Leuten, mit denen ich was machen kann. Verändern, weißt du. Irgendwie sind wir doch alle ...*

er stockte, *pff, quasi auf der Suche ...* Er rutschte auf seinem Barhocker hin und her und schwitzte. Es war nicht so einfach, wie er gedacht hatte. Er fühlte Brenners Blick, der ihn durchdringend musterte. Da war er doch tatsächlich ein bißchen rot geworden.

Sag mal, Walter Brenner verzog die Mundwinkel. *So kenn ich dich ja gar nicht, so revolutionär. Als die damals das Dreisameck geräumt haben, warst du jedenfalls weit und breit nicht zu sehen.*

Jetzt schoß Hämmerle das Blut erst recht zu Kopf. Das war ein dunkler Fleck in seiner Vergangenheit, auf den er nicht gern angesprochen wurde. Er selbst jedenfalls verbreitete eine andere Version der Geschichte, in der er sozugagen als Ein-Mann-Stoßtrupp der Stadtguerilla nächtens den Natodraht auf der Kaiser-Joseph-Straße mittels einer riesigen Gartenschere für die nachrückenden Kämpfer zerschnitten hatte. In Wahrheit hatte er eher mit privaten Problemen zu tun gehabt: Seine damalige große Liebe war gerade zu Dieter Pikulski übergelaufen, was dazu führte, daß er kurzfristig die Priesterlaufbahn einschlug. Aber Pikulskis Rausschmiß bei der Puppe und die Erfahrungen im Collegium Borromäum hatten ihn dann gerade noch rechtzeitig auf den Pfad der Tugend zurückgeführt.

Och nö du, so kann man das nicht sehen, wiegelte Jean-Marie ab. *Aber jedenfalls,* er straffte die Schultern, *klar ist, der Kapitalismus hat keine Chance mehr.*

So? Brenner zog ein riesiges kariertes Taschentuch aus der Hosentasche und schneuzte sich geräuschvoll. Sorgfältig inspizierte er das Ergebnis. *Findest du? Na gut. Wenn du unbedingt willst, kann ich mal sehen, was sich machen läßt.*

Ich werd' mich ein bißchen umhören.
Wer weiß, dachte er, vielleicht kann ich den Dicken gebrauchen. Er hatte da so eine Idee.

Schauinsland des Schreckens

Die Wiehre glühte. Die Hitze, die selbst am späten Abend noch in den Straßen hing, verwandelte die zahllosen steuergünstig ausgebauten Dachwohnungen und Lofts der Erbengeneration in Backöfen. Das hatten viele beim Umbau nicht bedacht.

Auch Jean-Marie Hämmerle litt unter der Hitze. Allerdings weniger komfortabel. Seine winzige Zwei-Zimmer-Wohnung im vierten Stock eines Hauses in der Zasiusstraße war zwar nicht luxussaniert, aber knallheiß war es auch so. Er hatte die Dachfenster mit feuchten Tüchern verhängt und den Ventilator auf Vollgas gestellt. Nur mit einer Boxershorts bekleidet, saß er, die Füße in einer Wanne voll Eiswasser, mit einem Weizenbier vor dem Fernseher und sah die Wiederholung eines uralten Derrick an. Gerade als der Kommissar lang und breit zu einer ersten Analyse des Mordes in der Jagdhütte ansetzten wollte, klingelte das Telefon.

Hämmerle, meldete er sich knapp.

Ich bin's, Walter, quäkte es aus dem Hörer. *Hör gut zu: In einer Stunde am Wiehrebahnhof. Du weißt schon. Die Gruppe.*

Eh, Walter, halt mal, was ist denn ...

Aber Walter hatte schon aufgelegt. Hämmerle sah auf die Uhr. Daß er ausgerechnet jetzt die DRIÜ treffen sollte, stank ihm gewaltig. Immerhin konnte er von Stefan Derrick einiges lernen. Und die Folge hatte gerade erst angefangen. Außerdem war es spät, und morgen hatte er Frühdienst.

Mist, murmelte er und stieg aus der Wanne. Mit nassen Füßen platschte er ins Schlafzimmer und kramte seine Standardkluft hervor, Fischgeruch hin oder her. Er wollte auf Nummer Sicher gehen. Walter sollte keinen Grund haben, sich noch mal über seine Bermudas zu mokieren.

In der Küche, vor dem Kühlschrank mit dem Selbstgebrannten, lag Castro und kaute an ein paar Frolics herum. Jean-Marie stupste den Hund mit dem Fuß zur Seite. Ein Präventivschluck konnte nicht schaden.

Eine halbe Stunde später stand er auf dem Gerwigplatz vor dem Wiehrebahnhof. Robert Gerwig hatte im vergangenen Jahrhundert die Schwarzwald- und die Höllentalbahn gebaut. Später dachte Jean-Marie immer, daß es kein Zufall war, daß diese Nacht ausgerechnet hier begonnen hatte. Denn auf dem Gerwigplatz sollte seine Geisterbahnfahrt durch den Schwarzwald beginnen.

Noch ließ der Höllentäler auf sich warten. Gewöhnlich kam der Fallwind aus dem Schwarzwald auf die Minute pünktlich und blies frische kühle Luft durch die Stadt. Aber die Hitze schien selbst ihn lahmgelegt zu haben. Immerhin kletterten die Temperaturen auch im Hochschwarzwald auf über 25 Grad. Im Bahnsteiglokal brummte es. Sehnsüchtig sah Hämmerle beschlagene Weizenbiergläser durch die Oleanderbüsche schimmern. Für einen Moment zögerte er. Wieso kümmerte er sich eigentlich um die Geschichte? Sollte die Polizei ihren Mist doch alleine machen. Danken würde ihm sowieso keiner, wenn er den Fall löste, diese Erfahrung hatte er schon einige Male machen müssen. Besonders ein Kommissar des Freiburger Reviers Nord namens Harry Stefan machte ihm das Leben schwer. Eigentlich hätte der Polizist längst pensioniert sein sollen. Aber nachdem erst kürzlich fast die gesamte Besatzung der Drogenfahndung wegen zu hohen Eigenbedarfs vom Dienst suspendiert worden war, wollte man ihn nicht gehen lassen.

Warum also setzte er sich nicht einfach an einen der einladenden Tische dort drüben und ließ die Welt einen guten Mann sein? Er kam nicht dazu, den Gedanken weiter zu verfolgen. Mit quietschenden Reifen raste ein verbeulter VW-Golf ohne Licht auf den Parkplatz. Noch im Fahren wurde die Tür aufgerissen.

Bleib wo Du bist, fuhr Walter Brenner ihn an, *du bist viel zu früh.* Er rannte auf ihn zu und wedelte mit einem Schal. *Die haben nur zugestimmt, wenn du eine Augenbinde trägst. Sie wollen auf keinen Fall gesehen werden. Und das Auto vergißt du am besten ganz, das war so nicht geplant. Nimm die Brille runter.*

Hämmerle gehorchte.

Brenner knotete den Schal um Jean-Maries Kopf, daß ihm schien, als würde ein eiserner Ring um seinen Schädel gelegt.

Den Schal bekomme ich gewaschen und desinfiziert zurück , sonst ... Der Rest des Satzes ging in Brenners Hustenanfall unter. Dann wurde Jean-Marie bei den Schultern gepackt und unsanft ins Auto geschoben. Wie es schien, kam Walter nicht mit.

Es dauerte eine Weile, bis Hämmerle sich sortiert hatte. Die Fahrt ging bergauf, wahrscheinlich auf den Schauinsland. Dafür sprachen auch die vielen Kurven.

Endlich sagte jemand was:

Mein Gott, stinkt das hier.

Eine Frauenstimme. Jean-Marie wurde unter seiner Augenbinde knallrot und machte sich so klein es ging, was bei seinen 265 Pfund Lebendgewicht nackt auf der Waage nicht einfach war. Vielleicht hätte er doch die Bermudas anbehalten sollen. Seine Jeans rochen immer noch nach rohem Thunfisch. Dabei hatte er sie tagelang gelüftet.
Du bist also der, der zu uns Kontakt wollte, sagte die Frauenstimme. *Also daß eins klar ist: Wenn du irgend jemand was von dem hier erzählst, machen wir dich kalt. Wir spaßen nicht.* Etwas Kaltes wurde an seine Schläfe gedrückt.
Verdammt, schoß es Hämmerle durch den Kopf, die sind ja bewaffnet. Er hätte sich doch besser für das Weizenbier entscheiden sollen.
Seid ihr denn jetzt die DRIÜ? fragte er.
Hör mal. Hier reden nur wir.
Das war eindeutig eine andere weibliche Stimme. Wo war er hier nur hingeraten? War die DRIÜ etwa ein feministisches Projekt? Es lief ihm eiskalt den Rücken hinunter.
Das hier ist kein Kindergarten.
Uff. Hämmerle atmete auf, Gottseidank ein Mann.
Also hören Sie ... versuchte er zu Wort zu kommen.
Schnauze, zischte die Frauenstimme neben ihm. *Wenn du wirklich hinter unserer Sache stehst und bei uns einsteigen willst, brauchen wir einen Beweis, daß du es ernst meinst. Da könnte ja jeder kommen. Vielleicht bist du ja,* ihre Stimme bekam einen gefährlichen Unterton, *so ein Spitzel. Dann wirst du dir wünschen, niemals geboren zu sein.*
Also ich finde, jetzt übertreibst du, Tanja. Der Mann schien vernünftig zu sein. *Also hör zu,* sagte er. *Die Sache ist ganz*

einfach. Du streichst diesen scheußlichen Bertoldsbrunnen in Freiburg rot an, also ich meine das Pferd und den Reiter. Wie stellt ihr euch das denn vor? Hämmerle klappte der Kinnladen runter.

Na, so wie das Holbein-Pferdchen, antwortete die Frauenstimme vom Vordersitz. *Das kann ja wohl nicht so schwer sein.*

Aber der Bertold ist doch mindestens zehn Meter hoch, argumentierte Jean-Marie.

Eben darum ja. Das Pferdchen anstreichen kann jeder. Außerdem ist die Signalwirkung klasse. Und auf den Sockel schreibst du DRIÜ.

Wie sieht das denn aus! Hämmerle war einigermaßen empört. *Da braucht man wenigstens eine Schablone. Und überhaupt: Ich komm da sowieso nicht hoch.*

Paß auf Dicker. Seine Nachbarin drückte ihm etwas Spitzes in die Rippen. *Es gibt zwei Möglichkeiten. Entweder du machst es, oder du läßt es bleiben. Ganz einfach. Überleg dir gut, was du tun willst. Wenn du kneifst, sehen wir uns nie wieder. Du hast 48 Stunden Zeit.*

Der Wagen bremste scharf. Hämmerle knallte mit dem Kopf gegen die Nackenstütze des Vordersitzes. Seine Tür wurde aufgerissen. Dann spürte er einen Stoß, und er landete auf dem harten Boden. Kleine, spitze Steinchen bohrten sich in seinen Hintern.

Zähl langsam bis hundert. Wenn du die Augenbinde vorher abnimmst, passiert was. Der Wagen bretterte davon.

Jean-Marie rührte sich nicht. Nach einer Weile war nur noch das leise Brummen des Motors zu hören, dann verlor sich das Geräusch in der Ferne. Er setzte sich auf. Die frische

Luft war herrlich. Es war jetzt fast still um ihn herum. Nur ein leichter Wind strich durch die Baumwipfel und ließ sie sanft rauschen.

... *fünf, sechs, sieben, acht,* zählte Hämmerle leise. Plötzlich raschelte etwas neben ihm, dann zischte es. Er fuhr zusammen. Nicht weit entfernt glaubte er ein Scharren zu hören. Ein Wildschwein, schoß es ihm durch den Kopf. Vielleicht sogar ein Luchs. Gefährliche Biester. Und waren neulich im Schwarzwald nicht sogar Wölfe gesehen worden? Panik stieg in ihm auf. Er beeilte sich mit dem Zählen:

... *fünfunddreißig, sechsunddreißig, siebenunddreißig ...*

Mein Gott, dachte er. Wenn das Wildschwein Junge hat, sehe ich alt aus. Ein Eichelhäher stieß einen Warnschrei aus, und schlagartig hörte das Scharren auf. Irgendetwas trappelte davon. Hämmerle atmete auf.

Erst bei neunundsiebzig traute er sich, unter der Augenbinde hervorzulugen. Brenners Schal war schweißnaß. Er nahm ihn ab und blinzelte in die Dunkelheit. Umständlich angelte er die Nickelbrille aus der Innentasche seines Lederwestchens und sah sich um.

Über ihm funkelten die maximal dreitausend Sterne um die Wette, die man in einer gewöhnlichen Nacht am Himmel sehen kann. Dürre Tannenskelette hoben sich schwarz gegen den Nachthimmel ab. Kein Zweifel. Die DRIÜ hatte ihn auf dem Schauinsland ausgesetzt. Langsam gewöhnten sich seine Augen an die Dunkelheit. Die Gegend kam ihm bekannt vor. Der Kasten dort mußte ein Haus sein. Und der astlose Baum direkt neben ihm war ein Fahnenmast. Er saß auf dem Parkplatz der Holzschlägermatte direkt an der ehemaligen Rennstrecke zum Schauinsland-Gipfel. Das letzte

Mal war er mit Pikulski vor ein paar Jahren hier gewesen. Der hatte damals noch seine Moto-Guzzi mit Beiwagen gehabt und ihn, Hämmerle, auf eine kleine Spritztour mitgenommen. Was er nicht ahnte, war, daß Pikulski sich fest vorgenommen hatte, den Bergrekord von 1972 einzustellen. Damals war das Fahrerduo Enders/Engelhardt die sechseinhalb Kilometer lange Rennstrecke auf einer BMW mit Seitenwagen in 6:29,25 Minuten hinaufgebrettert. Gegen den wütenden Protest der Automobilsportler im Freiburger Gemeinderat wurde der legendäre Bergpreis in den achtziger Jahren wegen des Waldsterbens zu Grabe getragen. Aber damit nicht genug. Wenig später wurde die Strecke an Sonn- und Feiertagen sogar für harmlose Freizeitmotorradfahrer gesperrt. Hämmerle hatte diese Entscheidung heftig begrüßt. Er schwitzte heute noch, wenn er an Pikulskis Kurventechnik dachte. Zweimal hatte der Beiwagen bei Dieters Rekordversuch die Leitplanke gestreift.
In der Ferne blinkten ein paar Lichter. Das mußte die Rheinebene sein. Ein dünnes Glöckchen im Tal schlug ein Uhr. Hämmerle hatte noch vier Stunden Zeit bis zum Beginn seiner Frühschicht. Er kratzte sich am Kopf. Was tun? Die Bänke auf der Terrasse der Holzschlägermatte waren zwar schmal und hart, aber für ein kleines Nickerchen taugten sie allemal. So könnte er in aller Ruhe auf den morgendlichen Pendlerverkehr in die Stadt warten und dann ein Auto anhalten. Andererseits begann der Berufsverkehr hier oben frühestens um fünf. Aber da mußte er schon in seinem Taxi sitzen. Ergeben rappelte er sich auf und machte sich schweren Herzens auf den Fußmarsch hinunter nach Freiburg.

Die Wälder in Hämmerles Kindheit waren schwarz und geheimnisvoll gewesen, bevölkert von Hexen, Gnomen und Trollen. Auf seinem langen Weg hinab ins Tal sah er sich wieder in die Lahrer Reihenhaussiedlung versetzt, wo Mutter Hämmerle ihm allabendlich die grausigen Geschichten der Gebrüder Grimm vorlas. Das Mädchen mit den abgehackten Händen, Rotkäppchen, der sauböse Wolf und die Geschichte von Hänsel und Gretel, die beinahe Opfer einer menschenfressenden Hexe geworden wären. Fast fühlte sich Hämmerle wie der bedauernswerte Hänsel, der den mühsamen Weg nach Hause sucht. Gut, der Junge war nicht allein gewesen, er hatte seine Schwester am Hals gehabt, ein Problem, das Hämmerle nur zu gut kannte. Aber woher wollte er wissen, daß er hier allein war? Er sah die steile, felsige Böschung hoch, über der die Tannen in den Nachthimmel ragten und dachte an seinen Großvater väterlicherseits aus dem Odenwald, der ihn mit Geschichten über die Familie der Ilwedritsche fast zu Tode geängstigt hatte. Gut, die Straße war asphaltiert und die Mittellinie deutlich zu erkennen. Aber was war das für ein Geräusch hinter ihm? Er fuhr herum. War da nicht eine bucklige Gestalt blitzschnell über die Straße gehuscht und im Gebüsch verschwunden? Hämmerle fröstelte. Er hatte genug erlebt, um zu wissen, daß es zwischen Himmel und Erde mehr gab, als die Schulweisheit sich träumen ließ. Einmal war er sogar mitten in der Metropole der badischen Gemütlichkeit in die Fänge einer Voodoo-Gruppe geraten. Warum sollte er ausgerechnet hier oben kein Opfer eines Gewaltverbrechens werden? Schließlich wurde man auch in New York und Berlin auf menschenleeren Straßen überfallen.

Am Brünnele machte er eine kurze Rast und trank einen Schluck Quellwasser. Er mußte ungefähr die Hälfte der Strecke hinter sich haben. Und noch kein einziges Auto war an ihm vorbeigefahren. Er hielt die Uhr vors Gesicht und versuchte, die Zeit zu lesen. Wenn er sich nicht täuschte, mußte es kurz nach zwei sein. Das zog sich und ging mächtig in die Knie. Kein Wunder bei zwölf Prozent Gefälle. Vergebens wartete er auf den Endorphin-Ausstoß, von dem bei Leistungssportlern immer die Rede war. Er wurde und wurde nicht high. Dafür brannten ihm die Füße.

Am Günterstaler Ortsschild war Hämmerle fertig mit der Welt. Tagsüber quälten sich die Autos Stoßstange an Stoßstange hier vorbei. Tagsüber. Das Leben, faßte Jean-Marie seine Erfahrungen der letzten Stunden zusammen, war wie diese Straße: voller Kurven und es ging steil bergab. Und nie kam ein Auto zur rechten Zeit.
Er erreichte die Endhaltestelle der Linie 4 gerade noch, um die erste Tram Richtung Stadtmitte zu erwischen. Es war 5.19 Uhr, und er kam schon wieder zu spät zur Arbeit.

Modern Art

Am frühen Nachmittag hatte Hämmerle seine letzte Fuhre hinter sich gebracht. Nach seiner Neun-Stunden-Schicht war er hundemüde. Der Fahrgast aus Matsuyama würde in seiner Heimat viel zu erzählen haben. Erst der Anschlag auf die deutsch-japanische Völkerverständigung, bei dem seine Trommel und sein Bollenhut kaputtgegangen waren. Und dann der Taxifahrer. Auf der kurzen Strecke vom Colombi bis zum Hauptbahnhof hatte der Kunde den Chauffeur zweimal an einer roten Ampel wecken müssen.
Jetzt war Feierabend, aber Hämmerle hatte noch einiges zu tun. Vierzehn von den 48 Stunden, die ihm die DRIÜ gegeben hatte, waren bereits um. Und er hatte noch nicht mal angefangen. Die Aktion mußte in der kommenden Nacht steigen, sonst würde es zu spät sein. Er konnte den Ritter Bertold schließlich nicht tagsüber rot anstreichen. Nach einem Ristretto im Café Movie war er zwar auch nicht wacher, aber immerhin motivierter. An der Theke war ihm die erlösende Idee gekommen. Pikulski mußte ran.
Zehn Minuten später klingelte er bei Dieter in der Salzstraße Sturm. Der war im Bademantel und trug Sonnenbrille. Der gestrige Abend schien etwas länger geworden zu sein. Am Küchentisch saß die Blondine vom ZMF. Auch sie sah aus, als wäre der gestrige Abend etwas länger geworden. Dieter schob seinen Freund ins Wohnzimmer und verschwand. Kurz darauf fiel eine Tür ins Schloß und Pikulski kam zurück. Er musterte Hämmerle:

Na? fragte er anzüglich. *Der Abend gestern ist wohl etwas länger geworden. Kenn' ich sie?*
Ich bin seit ungefähr 36 Stunden auf den Beinen, schmollte Hämmerle. *Und das nicht zu meinem Vergnügen.*
Selbst schuld. Sieh mich an. Ich bin seit ungefähr 36 Stunden im Bett. Und, seh ich etwa müde aus? Dieter grinste.
Dir wird das Lachen schon noch vergehen. Hämmerle lehnte sich zurück und erzählte von der Kontaktaufnahme mit der DRIÜ und seiner nächtlichen Wanderung vom Freiburger Hausberg nach Günterstal. Einige Details ließ er aus.
Kurz und gut, schloß er seinen Bericht, *du mußt da hoch, den Bertold anstreichen. Ich würd's ja selbst machen, aber bei meinem Muskelkater vom bergab Laufen ... Außerdem muß einer Schmiere stehen. Nach Mitternacht ist in Freiburg nichts mehr los, aber sicher ist sicher. Ich will nicht, daß dir was passiert.*
Pikulski runzelte die Stirn. Dann zeigte er Jean-Marie einen Vogel:
Wie kommst du auf die Idee, daß ich da mitmache? Ich hab mir einmal wegen dir die Rippen gebrochen.
Jetzt hör mal zu. Jean-Marie baute sich vor Dieter auf und tippte ihm mit dem Finger auf die Brust. Er blies die Backen auf. *Du bist genauso abhängig vom Fremdenverkehr wie ich. Wenn hier keiner mehr herkommt, kriegst du nie mehr 'nen Job. Und das ZMF dauert auch nicht ewig.*
Pikulski dachte nach. Wer weiß, vielleicht gelang es ihnen, die Terroristen zu fangen. Im Radio hatten sie heute morgen etwas von einer Belohnung gesagt. Die könnte er dringend gebrauchen. Vielleicht konnte er aus der Sache noch was rausholen. Und das Risiko war relativ gering. In Freiburg

war nach Mitternacht tatsächlich tote Hose.
Okay, sagte er. *Ich mache mit. Aber unter einer Bedingung: Du besorgst die Farbe und die Leiter. Ich muß mich nämlich noch mal hinlegen.*

Ritter Bertold der Fünfte hätte sich im Grabe rumgedreht. Daß ausgerechnet er, ein Vertreter der frühmittelalterlich-feudalistischen Ständeordnung und Repräsentant der Zähringerdynastie, dereinst in der Farbe von Marx und Mao leuchten würde, hätte er sich auch nicht träumen lassen. Fast tat es Hämmerle leid, den Mann anstreichen zu lassen, der den Anstoß zum Bau des Münsters gegeben hatte. Zumal er einige der Wesenszüge, die von Bertold dem Fünften überliefert waren, durchaus schätzte. Er glaubte sogar, die eine oder andere Parallele zu entdecken. Wie er selbst war der Herzog als überaus weltlich und freisinnig bekannt, immer im Clinch mit der Geistlichkeit, ein Liebhaber der Frauen und der rauschenden Feste, zugleich belesener Freund der Literatur. Aber so war es, wenn man zu früh kam und auf einem viereinhalb Meter hohen Kalksteinsockel endete. Da nützten einem auch Pferd und Schild nichts. Wer einmal in Bronze gegossen war, konnte sich nicht wehren. Ganz egal, wie häßlich das Standbild auch ausfiel. Das hatte Napoleon erfahren müssen und Peter der Große. Hilflos war man den Vertretern der Moderne ausgeliefert, egal ob sie nun Röslmeier oder Pikulski hießen.
Es war gar nicht so einfach, die rote Rostschutzfarbe auf der rauhen Bronze des Reiterstandbildes zu verteilen, ohne das ganze Denkmal zu verkleckern. Die Leiter, die Hämmerle besorgt hatte, war zu kurz. Pikulski mußte eine waghalsige

Klettertour über die Sprossen und Hämmerles Schultern unternehmen, um überhaupt an Ritter Bertold heranzukommen. Ihn rundum anzustreichen war auf dem schmalen, glatten Kalksteinsockel ein weiteres Problem. Man kam kaum um die Plastik herum. Außerdem war der Luftraum um den Ritter von Stromkabeln der VAG durchzogen. Hämmerle mochte gar nicht daran denken, was passieren würde, wenn Pikulski an so einen Draht kam. Wahrscheinlich würde der Stromstoß auch noch ihn treffen. Immerhin stand er als Verlängerung der Leiter auf der obersten Alu-Sprosse. Und seine Birkenstocksandalen waren sicher nicht geerdet.
Endlich war Dieter fertig. Er stieg herunter und trat ein paar Schritte zurück, den dicken Pinsel zwischen den Zähnen. Fachmännisch kniff er die Augen zusammen, obwohl es um halb vier morgens noch viel zu dunkel war, um etwas zu erkennen.
Na also. Fehlt nur noch der letzte Schliff, nuschelte Dieter.
Über die Inschrift, die von den Gründern und Herren Freiburgs erzählte, setzte er in fetten roten Buchstaben das Kürzel DRIÜ, gekrönt von einer dicken, satten Klobürste.
Sieht eigentlich ganz gut aus, kommentierte er. *Vielleicht lassen die das so.*

Als die ersten Straßenbahnen am frühen Morgen den Bertoldsbrunnen passierten, glaubten die Fahrgäste ihren Augen nicht trauen zu können. In knalligem Orangerot glänzte ihr Stadtgründer in der Morgensonne. Wenn das mit dem Holbeinpferdchen hier Schule machte, könnte man sich direkt mit dem Denkmal anfreunden.

Strategie und Ticktack

In der konspirativen Dachwohnung über dem Augustinerplatz saß man bei einem späten Frühstück zusammen. Bloch kam gerade vom Brötchen holen. Er war begeistert:
Ey, ich sag euch, das müßt ihr sehen. Er pfiff durch die Zähne. *Wahnsinn. Total rot. Und unser Zeichen drauf. Ich glaub, den Dicken können wir gebrauchen.*
Er schmiß die Brötchentüte auf den Tisch.
Hätt' ich dem gar nicht zugetraut, Rosa gähnte und fuhr sich mit der Hand durchs Haar.
Tanja grapschte nach der Tüte.
Keine Croissants? Sie verzog das Gesicht und wurde laut. *Ich hab doch gesagt, Croissants. Du weißt genau, daß ich keine Laugenwecken mag.*
Tut mir echt leid, entschuldigte sich Bloch, *aber sie hatten keine mehr.*
Dann hättest du eben woanders hingehen müssen. Mißmutig fummelte Tanja an der sündhaft teuren Jura-Kaffeemaschine herum, ebenfalls ein Geschenk von Papi.
Könnt ihr mit eurem Kinderkram mal aufhören? Walter Brenner drückte entnervt seine halbgerauchte Marlboro in die Untertasse und fühlte sich den Puls. *Außerdem: habt ihr mal gelesen, was in Croissants alles drin ist? Stabilisatoren, E 605, Pflanzenschutzmittel, jede Menge Chemie. Die Dinger sind das pure Gift für den Magen. Und jetzt zur Sache.* Er zündete sich eine neue Marlboro an. *Eins sag ich euch. Wer sich nicht zusammenreißt, hat hier nichts verloren. Die*

Revolution ist in erster Linie eine Frage der Disziplin. Die Partei hat immer recht. Alles andere ist egal. Wir sind nicht auf dem Abenteuerspielplatz. Die Gefahr des Imperialismus lauert an jeder Ecke. Der Staatsschutz ist eine Hydra. Der schreckt vor nichts zurück. Wißt ihr, wie das ist, in Einzelhaft mit Kontaktsperre? Denkt mal an unsere Genossin Birgit. Glaubt ihr, die hat sich im Bahnhofsrestaurant von Bad Kleinen über Croissants unterhalten? Mit Croissant höchstens. Er machte eine vielsagende Pause.

Bloch starrte seinen Laugenwecken an.

Ich meine, fuhr Brenner fort, *seid ihr sicher, daß ihr sicher seid? Daß ihr nicht abgehört werdet? Daß euch keiner verpfeift? Daß ihr die Regeln der Konspiration einhaltet?*

Die drei am Kaffeetisch nickten eifrig.

So? Brenner hob die Augenbrauen. *Und was ist mit dem Dicken, den ich euch zugeführt habe? Habt ihr ihm auch wirklich gründlich genug auf den Zahn gefühlt?*

Au ja, der ist klasse. Bloch strahlte. *Das mit dem Bertoldsbrunnen hat der ganz toll gemacht. Test bestanden. Knallrot, mit DRIÜ drauf. Und Klobürste.*

Dann will ich dir mal was sagen, du Knalltüte. Brenner zog Bloch zu sich heran. Seine Stimme wurde gefährlich leise. *Dein neuer Freund ist gar nicht so harmlos wie er aussieht. Die einzigen, die ihre Prüfung nicht bestanden haben, seid ihr. Ihr seid ein Sicherheitsrisiko. Eigentlich müßte ich euch ausschalten lassen.*

Bloch schluckte. Ihm trat der kalte Schweiß auf die Stirn. Die beiden Mädchen verfolgten die Szene mit großen Augen.

Aber ... stammelte Rosa.

Brenner fuhr herum:
Schnauze. Ich rede hier. Und das, was ich euch zu sagen habe, schreibt ihr euch dick hinter die Ohren: Der Typ ist ein Verräter.
Waaaas? Der Dicke? Tanja faßte es nicht.
Ein Verräter, Tanja. Weißt du, was ein Verräter ist? Ein Verräter ist einer, der einen verrät. Der ein doppeltes Spiel spielt. Der euch von vorne bis hinten verarscht. Und wißt ihr, was ihr seid? Ihr seid zu bescheuert, das zu merken.
Er machte eine Pause. Bloch ergriff zaghaft das Wort:
Mensch, Commandante, der hat doch alles gemacht, was wir gesagt haben. Geh doch mal zum Bertoldsbrunnen.
Himmelarschundzwirn. Das ist es eben. Denk doch mal nach. Brenner schüttelte Bloch ein bißchen. *Wie arbeitet denn der BND? Na?*
Keine Antwort.
Die sprengen Löcher in Gefängnismauern, dozierte Brenner, *die schmuggeln Plutonium, um ihre Leute im Untergrund zu plazieren. So nach dem Motto: Wer Plutonium schmuggelt, kann kein Bulle sein. Habt ihr nicht den „Schattenmann" gesehen?*
Das war doch der mit Mario Adorf, rief Rosa, *der war gut. Da war so'n Bulle, den sie eingeschleust haben. Am Schluß gab's dann ein Riesen ...*
Genau, unterbrach Brenner. *Eingeschleust ist schon mal ganz gut. Na, klingelt's? Oder muß ich noch ein bißchen nachhelfen? Was glaubst du, warum der Dicke plötzlich bei euch mitmachen will? Der spielt sein eigenes Spiel. Und ihr sollt ihm dabei helfen. Ich sag nur: Gülle.*
Endlich fiel bei Tanja der Groschen:

Du meinst, der Dicke ist der Trittbrettfahrer?
Brenner nickte:
Überleg doch mal. Wenn ich bei euren Aktionen absahnen wollte, wie würde ich das anstellen? fragte er.
... ?
Ich würde versuchen, ganz nah an euch ranzukommen, antwortete er selbst, *damit ich von allen euren Plänen früh genug erfahre. So bin ich euch immer einen Schritt voraus. Und kann in Ruhe meine eigenen Aktionen durchziehen und die dann euch anhängen. Zur Kasse bitte ich wieder selbst. Na?*
Du meinst, fragte Tanja, *der hat die Bächle versaut? Aber warum?*
Weil er Geld will. Stand doch in dem Erpresserbrief. Dem geht's nur um die Kohle. Der hat keine politischen Ziele. Ich kenn ihn gut genug, diese Kröte. Und dann versteckt er sich hinter euch.
Aber warum hast du ihn dann zu uns gebracht? fragte Rosa. *Das ist ja konterrevolutionär.*
Das hab ich mir gedacht, daß du das nicht checkst. Brenner verzog die Mundwinkel. Er zog das Fläschchen mit den blutdrucksenkenden Tropfen aus der Tasche und stellte es vor sich auf den Tisch. Dann hob er den Zeigefinger und tippte Rosa auf die Stirn: *Entweder der Dicke nutzt uns aus, oder wir ihn. So einfach ist das. Fressen oder gefressen werden.* Er nahm einen kräftigen Schluck aus dem Fläschchen. *Soll der schlaue Herr Hämmerle doch für UNS die Drecksarbeit machen. Und wenn einer erwischt wird, dann ist es eben er. Fertig, aus, Feierabend.*

Die Reifeprüfung

Am späten Nachmittag erreichte die Hitze in Freiburg einen neuen Rekord. Der Teer, der die Fugen zwischen den dicken Rheinkieseln im Straßenbelag der Gerberau ausfüllte, schmolz. Auf dem Zubringer Mitte warf der Asphalt Blasen. Die Getränkemärkte verzeichneten Rekordumsätze. Es kam zu ersten Engpässen bei Mineralwasser und Weizenbier, was wiederum zu Hamsterkäufen führte. Wer jetzt durch die Stadt lief, war mit Sicherheit ein Fremder. Mit hochroten Köpfen, ausgerüstet mit den neuesten Hightech-Video-Kameras, standen die Touristen vor dem Augustinermuseum Schlange. Das Museum mit dem Schwerpunkt auf der Kirchenkunst am Oberrhein verdankte der Hitzewelle eine nie gekannte Beliebtheit. Selbst in diesem Sommer war es dort angenehm kühl. Dafür nahm man sogar den Eintrittspreis und die wurmstichigen Heiligenfiguren in Kauf. Besonderen Andrang verzeichnete das Kellergeschoß mit den mittelalterlichen Glasfenstern aus dem Münster. Auch das Münster selbst war voll eisschleckender Touristen. So gut besucht war die Kirche nicht einmal an Weihnachten. Allerdings näherten sich die Temperaturen bei den ungewohnten Menschenmassen in dem Gotteshaus auch schon der 30-Grad-Grenze.

Die Dreisam war ausgetrocknet. In der Nähe der Kaiserbrücke ragten die Steinskulpturen eines unbekannten Künstlers wie kleine Mahnmale aus dem Flußbett. Die Enten verbrannten sich die Bürzel.

Jean-Marie Hämmerle saß in seiner Küche vor der geöffneten Kühlschranktür und fächelte sich die kalte Luft zu. Sollte der Selbstgebrannte doch warm werden. Nachdem er von der Ritter-Bertold-Aktion nach Hause gekommen war, hatte er ein paar Stunden geschlafen, war aber gegen Mittag unsanft von Castro geweckt worden. Nach einem kurzen Gang durch die glühende Wiehre war an Schlaf nicht mehr zu denken gewesen, zumal er schlicht und einfach Schiß hatte. Als er am frühen Morgen nach Hause gekommen war, hatte ihn die alte Meier aus dem dritten Stock mit der farbverschmierten Alu-Leiter gesehen. Das konnte Folgen haben.

Es klingelte an der Haustür.

Hämmerle fuhr hoch. Das waren sicher die Bullen. So schnell hatte er nicht mit ihnen gerechnet. Wahrscheinlich hatte die Meier im Radio von der Sache mit dem Bertoldsbrunnen gehört und sofort bei der Polizei angerufen. Jean-Marie zog seine karierten Bermudas hoch und knöpfte das Hawaiihemd mit dem Dialog von tropischen Früchten zu. Dann drückte er auf den roten Knopf der Gegensprechanlage:

Hallo, murmelte er flach.

Hier ist die Polizei. Machen Sie auf, Sie sind verhaftet, quäkte es aus dem Lautsprecher. Hämmerle drückte schweren Herzens den Türöffner. Das Spiel war aus.

Vier Stockwerke später feixte Walter Brenner den kalkbleichen Jean-Marie an:

Da staunst du, was Dicker, schnaufte Brenner. *Schreck gekriegt, wie?* Er wieherte und drosch Hämmerle auf die Schulter.

Castro kläffte den Besucher an. Er schnüffelte an Brenners Hosenbeinen und sprang an ihm hoch.

Hau ab, du Töle. Brenner schubste den Hund mit dem Fuß weg. *Aber mein Kompliment,* wandte er sich wieder an Jean-Marie. *Chapeau, chapeau. Das mit dem Brunnen war Spitze. Hätte ich dir gar nicht zugetraut, daß du da hoch kommst.* Er musterte Hämmerle von Kopf bis Fuß. *Heut mit Ananas? Paßt gut zu der Hose.* Sein Blick streifte die Leiter, die im winzigen Flur lag und bis ins Wohnzimmer reichte. *Die andern finden das übrigens auch. Die sind hochzufrieden.*

Super, wann geht's weiter? Hämmerle boxte Brenner überschwenglich auf den Oberarm. Er lachte gekünstelt.

Die wollen dich heut abend sehen, sagte Brenner. *Die haben irgend ein ganz großes Ding vor. Und sie meinen, daß du genau der Richtige dafür bist.*

Auch das noch. Hämmerle fehlte eindeutig der revolutionäre Elan. Aber da mußte er durch. Schließlich ging es um mehr als seine berufliche Zukunft. Es ging auch um die Stadt.

Gegen Mitternacht stand Jean-Marie wieder auf dem Gerwigplatz vor dem Wiehrebahnhof. Wieder bretterte der Golf vor, wieder war es Brenner, der Hämmerle für die Fahrt präparierte. Diesmal hatte er ihm über die Augenbinde noch eine Kapuze gezogen und einen Walkman aufgesetzt. Aus dem dröhnten volle Kanne die Beastie Boys. Soweit Hämmerle kombinierte, fuhr man heute nicht auf den Schauinsland. Nach einer relativ kurzen Fahrt wurde er aus dem Auto gezerrt. Dann ging es endlos die Treppe hoch. Eine Tür schlug zu. Unsanft wurde Hämmerle auf einen

Stuhl gesetzt. Jemand riß ihm Kapuze und Walkmann runter. Die Augenbinde war schweißdurchtränkt. Auch nachts ließ die Hitze kaum nach.

Iiiih, die faß ich nicht an, hörte er eine bekannte weibliche Stimme. *Mach du ihm den ekligen Lappen ab.*

Ungeschickt fummelte jemand an seinem Hinterkopf herum. Dann wurde es hell. Jean-Marie blinzelte und sah sich um. Er setzte die Nickelbrille auf. Das mußten die beiden Frauen von neulich sein. So hatte er sich die DRIÜ nicht vorgestellt. Eine knackige Rothaarige und eine dicke Blondine mit gepiercten Ohren. Der Dritte im Bunde sah fast aus wie die alten Kollegen aus dem Collegium Borromäum. Nur die Frisur stimmte nicht ganz. Auch das Terroristen-Hauptquartier war anders, als er sich eine konspirative Wohnung vorgestellt hatte. Ein Ambiente wie in einer Fernseh-Kochshow.

Die drei hatten sich auf der anderen Seite des Tisches ihm gegenüber aufgebaut. Eine sauteure Designerlampe, ein Geschenk von Papi an Tanja, leuchtete ihm ins Gesicht.

Wieso willst du bei uns mitmachen? bellte die Rothaarige.

Ääh, Hämmerle wußte nicht so recht, *weil man was tun muß. Ich mein, so wie's läuft, ist doch Scheiße, oder?* Er zuckte mit den Schultern.

Was hälst du vom bewaffneten Widerstand? fragte die Blonde.

Klasse, also, pfff, quasi, um konkret zu werden, in bestimmten historischen Situationen ... Hämmerle ballerte halbherzig mit einem imaginären Maschinengewehr in der Luft herum.

Und wie steht es mit der Weltrevolution?

Unbedingt. Hämmerle ruderte mit den Armen. *Schon längst überfällig.*

Was sagst du zur B31 Ost neu? Jetzt war wieder die Rothaarige dran.
Muß verhindert werden, kam es wie aus der Pistole geschossen.
Wer ist dein Lieblingsschriftsteller? wollte der Junge wissen.
Jean-Marie kratzte sich am Kopf. Das war eine schwierige Frage. Am liebsten las er den Playboy, aber das war hier wohl nicht gefragt. Also antwortete er:
Karl Marx und Bertold Brecht. Mehr fiel ihm nicht ein.
Und wie stehst du zur Frauenbewegung? Die Blonde war wieder an der Reihe.
Allerhöchste Zeit! Hämmerle staunte über sich selber. Er konnte lügen ohne rot zu werden.
Und das Ozonloch?
Jean-Marie kam etwas ins Schleudern. Was sollte er vom Ozonloch halten? Gut war es sicher nicht und zu groß auch. Er machte eine unbestimmte Handbewegung.
Ich glaube das reicht. Die Rothaarige nickte den anderen beiden zu. *Also paß auf,* sie wandte sich an Jean-Marie, *wir, also wir drei hier, sind der harte Kern der DRIÜ. Wer sonst noch dabei ist, tut nichts zur Sache. Eigentlich sind wir eine Volksbewegung. Aber die ist noch im Aufbau.*
Genau, der Junge lächelte die Rothaarige an. *Ich heiße übrigens Bloch. Also eigentlich heiße ich Bernd, aber Bloch ist mein Kampfname. Und das,* er wies auf die Mädchen, *sind Tanja und Rosa. Du solltest dir auch einen anderen Namen zulegen.*
Wir nennen dich „Behfünf“, schlug Rosa vor. *Wo Bertold Brecht dein Lieblingsschriftsteller ist und wegen des Denkmals mit dem fünften Bertold.* Sie strahlte.

Also, Behfünf, Tanja beugte sich zu Jean-Marie hinüber. *Du bist hiermit aufgenommen. Deine erste Aufgabe ist es, Styropor zu sammeln.*
Hämmerle glotzte das Mädchen an:
Styropor? Wieso denn das? Was soll das? Und wieviel? Und wo krieg ich das her?
Hier werden keine Fragen gestellt. Ist das klar? Wir geben hier das Kommando. Und du gehorchst. Außerdem, Tanja sah Hämmerle scharf an, *je weniger du weißt, desto besser ist es. Für den Anfang zumindest. Wir wissen ja gar nicht, ob wir dir trauen können.*
Aber ich hab doch die Sache mit dem Bertoldsbrunnen gemacht, verteidigte Jean-Marie seine Glaubwürdigkeit. *Das müßte doch reichen als Beweis.*
Das entscheiden wir, erwiderte Tanja. *Du bringst so viel Styropor ran, wie du kannst. Je mehr, je besser. Rosa wird dich bei der Aktion begleiten. Vertrauen ist gut, Kontrolle ist besser. Lenin. Schließlich sprengt auch der BND Löcher in Gefängnismauern und schmuggelt Plutonium.*

... und dann hängen die mir noch so ein Geschoß an den Hals. „Rosa“, das ist ihr Kampfname. Das muß man sich mal vorstellen.

Hämmerle hing an Pikulskis Bierstand beim ZMF. Das Festivalteam hatte mehrere Tage gebraucht, um die Schäden zu beheben, die von den unerwarteten Besuchern aus dem Tiergehege hinterlassen worden waren. Kabel waren zerbissen worden, Imbißbuden geplündert und das Spiegelzelt mußte nach dem Besuch des Wasserbüffels bei den „Teddyshakers“ notdürftig geflickt werden. Der badische Elvis stand immer noch unter Schock und rauchte seither seine Cohibas Kette. Der Festivalchef hatte eine Sprechhemmung davongetragen. Gemeinsam waren die beiden zur Reha in die Schwarzwaldklinik überwiesen worden. Wie das alles versicherungstechnisch geregelt werden sollte, stand noch in den Sternen.

Trotzdem hatte der Besuch der Tiere auch sein Gutes. Jeder wollte mit eigenen Augen sehen, was von der Zeltstadt übrig geblieben war. Dementsprechend groß war der Andrang. Pikulski kam ganz schön ins Schwitzen. Katastrophen machen durstig.

Aus dem großen Zirkuszelt schallte der A-cappella-Gesang einer sensiblen Männergruppe aus Schallstadt, die in jedem Jahr seit Menschengedenken ihr Publikum mit Liedern wie „Mein kleiner grüner Kaktus“ und „Veronika, der Lenz ist da“ erfreute. Zum Programm gehörte auch ein großkarierter

Conférencier, der wie der unvergessene Peter Frankenfeld in seinen besten Zeiten die Massen mit ebenso harmlosen wie altbekannten Scherzen schier in Ekstase versetzte.

Überlaß die Dame doch mir, grinste Pikulski am Zapfhahn zwischen zwei großen Export. *Ich werd' sie schon beschäftigen.*

Hämmerle winkte ab:

Die ist nicht deine Kragenweite. Auf jeden Fall wird demnächst angeblich das ganz große Ding steigen. Und dafür brauchen die jede Menge Styropor. Seit zwei Tagen bin ich schon mit dieser Terror-Tussi unterwegs. Von einem Supermarkt zum andern. Rein in die Container, raus aus den Containern. Meine ganze Bude ist voll mit Styropor. Ich möchte nur wissen, was die vorhaben.

Pikulski zuckte mit den Schultern:

Das kann doch nicht so schwer sein, das aus der Tante rauszuholen. Bei mir hat im Bett noch jede geredet.

Hämmerle wurde knallrot.

Du glaubst doch nicht ... Ihm blieb die Sprache weg. Das war ein Ding. Auf die Idee war er wahrhaftig noch nicht gekommen. Um junge Studentinnen machte er seit der einen oder anderen Erfahrung einen weiten Bogen. Außerdem, wer weiß, dachte er, wo Rosa noch überall gepierct war. So was konnte gefährlich werden.

Jetzt stell dich bloß nicht an, sagte Pikulski, *deine Mutti wird es schon nicht mitkriegen.*

Als die Sonne über Freiburg aufging, hatte Jean-Marie immer noch kein Auge zugemacht. Völlig verschwitzt wälzte er sich in seinem Bett in der Zasiusstraße von einer Seite auf die andere. Bei jeder Bewegung quietschte irgendwo Styropor. Castro war schon vor langer Zeit ins Wohnzimmer umgezogen. Unter der Couch gab es noch eine ruhige Ecke. Was Jean-Marie eigentlich wach hielt, war die Vorstellung, womöglich demnächst mit Rosa im Dienste der Wahrheit hier liegen zu müssen. An sich fand er Frauen klasse, aber mit der XXL-Version von Gudrun Ensslin ins Bett zu gehen, war doch etwas anderes. Mal abgesehen von den Gefahren, die von ihrem Piercing ausgingen. Woher sollte er wissen, wohin das führte? Am Ende wurde Rosa ausgerechnet in dem Augenblick verhaftet, in dem sie ... Und er stand in Unterhosen und mit erhobenen Händen auf der Zasiusstraße, umringt von einer schwerbewaffneten Truppe der GSG 9 oder so. Bei solchen Gelegenheiten konnte einem leicht in den Hintern geschossen werden. Wie sollte er vor Gericht erklären, daß er wie der große James Bond im Auftrag des Herrn unterwegs war? Dabei hatte es sein britischer Kollege wenigstens noch mit hübschen Frauen zu tun. Gegen eine Ursula Andres von vor dreißig Jahren hätte auch Hämmerle nichts einzuwenden gehabt. Aber Rosa war nun überhaupt nicht sein Typ, viel zu dick und gepierct und irgendwie, fand Jean-Marie, roch sie komisch. Vielleicht bildete er sich das nur ein, weil er bisher die meiste Zeit mit ihr in den Müllcontainern der Freiburger Kaufhäuser verbracht hatte. Wie auch immer, es mußte einen anderen Weg geben, um an Informationen zu kommen. Vielleicht konnte er sie einfach fesseln und ihr eine Wahrheitsdroge oder so was verpassen. Oder schlicht ein paar Ohrfeigen.

Der Container vom Media-Markt in Haslach war besonders

ergiebig. Jeden Tag war er randvoll mit Pappkartons und Styropor, in denen früher einmal Stereoanlagen, Fernseher und Premiere-Decoder gesteckt hatten. Jean-Marie stand vor dem Container und beförderte die Kunststoffblöcke, die Rosa ihm aus der riesigen Mülltonne zuwarf, in den Benz der Taxizentrale. Bei jeder Bewegung Rosas quietschte es grauenhaft in der Tonne. Hämmerle bekam davon richtig Gänsehaut, trotz der Hitze.

Sag mal, rief er Rosa beiläufig zu, *du weißt nicht zufällig, wofür wir das machen?* Bisher hatte er es sich verkniffen, so direkt zu fragen. Immerhin stand sein revolutionäres Renommee auf dem Spiel. Blind vertrauen, hieß die Devise. Die Partei hat immer recht.

Rosas blonder Haarschopf tauchte zwischen zwei Sony-Pappkartons auf.

Doch, sagte sie. Dann verschwand sie wieder in den Tiefen des Containers. Ein paar Schaumstoffteile flogen Hämmerle um die Ohren.

Und? fragte er, als sie aus dem Container kletterte.

Was und?

Na das hier, er deutete auf das Verpackungsmaterial.

Geheim.

Aber ich gehöre doch zur DRIÜ, ich meine ...

So? Rosa sah ihn skeptisch an und wischte sich den Schweiß von der Stirn.

Ja sicher, Hämmerle ballte die rechte Faust und pfiff ein paar Takte „Avanti popolo“. *Die Sache mit dem Denkmal,* sagte er. *Meinst du, das hab ich nur so gemacht? So aus Spaß?*

Rosa antwortete nicht. Jean-Marie war noch keinen Schritt weitergekommen. Da mußte was passieren.

Weißt du was, Rosa? flötete er. *Wir machen jetzt Schluß und gehen einen trinken. Ich lad dich ein. Ich finde, wir haben heute genug für die Revolution getan.* Jede Wette, dachte er, wenn die was getrunken hat, verplappert sie sich bestimmt.
Rosa überlegte kurz. Sie nickte. Wenn der Typ ein paar getrunken hat, dachte sie, verplappert der sich bestimmt.

Im Litfass in der Moltkestraße, einer von Jean-Maries Stammkneipen, konnte man sehen, was es hieß, wenn die Revolution ihre Kinder gefressen hatte. Nur noch die Veteranen waren übrig. Und die hatten ihre wilden Jahre lange hinter sich. Der Marsch durch die Institutionen schien geglückt. Die Gäste arbeiteten als Rechtsanwälte oder Lehrer, Steuerfahnder oder Stadtoberastronomieräte. In der Küche dagegen griff man nicht nach den Sternen. Man war bodenständig geworden. Es gab Hausmannskost: Rösti, Bratkartoffeln, Reibekuchen. Zum Glück hatte man das griechische Element der Speisekarte nicht vollständig gestrichen.
Hallo Dina, zwei Ouzo mit Wasser. Jean-Marie winkte der zierlichen blonden Wirtin zu. *Wie geht's denn immer so?*
Welch seltener Gast, kam es schnippisch hinter der Theke vor. Dinas Blick streifte Rosa. *Ich wußte gar nicht, daß du schon so 'ne große Tochter hast.*
Rosa sah sich mit großen Augen um. Hier sah es aus wie im Museum. Vor allem die Leute.
Dina brachte zwei hohe Gläser, in denen eine milchig-weiße Flüssigkeit schwappte.
Was ist das? fragte Rosa mißtrauisch und schnüffelte an dem Glas.

Probier mal, Hämmerle nahm einen tiefen Schluck, *das haben damals die Widerstandskämpfer gegen die Militärdiktatur in Griechenland getrunken. Lies mal Oriana Fallaci. Oder Ritsos. Oder Kazantzakis.* Hämmerles Blick fiel auf das Filmplakat von „Zorba the Greek" über dem Stammtisch. Er hob die Arme, schnippte mit den Fingern und summte ein paar Takte Sirtaki:

Mmm ba ba ba ba ba ba ba,
mmm ba ba ba ba ba ba ba,
bah ba ba ba ba ba ba ba,
bah ba ba ba ba ba ba ba,
bababah ba ba ba ba ba ba ba,
dah da da da da da da da
dadada da da da da da,
dadadadadaah,
dingding,
dingding,
dingeldingelding,
dingding,
dingding,
dingeldingelding,
dingding,
dingeldingelding,
dingdingeldingelding.

Mmm ba ba ... einige ältere Herren am Nebentisch summten mit. Schließlich war die Kneipe in ihren besten Jahren als „echt griechische Taverne" von einem Graecophilen geführt worden. Nicht nur, daß das Litfass seinerzeit als kleinste Bühne Deutschlands bundesweit Furore gemacht hatte und seitdem den Beinamen „Theater nebenan" trug. Der Wirt

war auch als Erfinder in die Annalen eingegangen. Es war ihm gelungen, aus einem R4-Kastenwagen einen vollständig eingerichteten Wohnwagen zu basteln. Nur stehen konnte man darin nicht. Inzwischen hatte der Wirt und Erfinder Karriere als Inhaber eines Campingplatzes und freischaffender Künstler auf dem Peleponnes gemacht.
Dina, röhrte Hämmerle mit glänzenden Augen, *eine Portion Schafskäse. Oder möchtest du lieber ein Tsatsiki?* fragte er seine Tischdame.
Mit offenem Mund stierte Rosa ihn an. Wo war sie hier nur hingeraten? Bisher hatte sie immer eine gewisse Ehrfurcht vor den Alt-68ern gehabt. Das mußte sie Tanja erzählen. Aber halt, schoß es ihr durch den Kopf, eigentlich war ihr jeder private Kontakt mit Hämmerle verboten. Sie trank ihren Ouzo auf Ex und sah sich unruhig um.
Noch zwei, Dina! Jean-Marie fuchtelte mit seinem Glas.
Bei der Hitze? Dina sah Rosa prüfend an. *Meinst du, sie verträgt noch einen?*
Das kann ich wohl selbst entscheiden, sagte Rosa spitz. *Bringen Sie mir einen Doppelten.*
Wie du willst. Dina zuckte ergeben mit den Schultern.

Zwei Stunden später stand Rosa auf dem Stammtisch und tanzte zum begeisterten Klatschen der Gäste Sirtaki. So was hatte man in der Kneipe lange nicht mehr erlebt. Hämmerle trommelte mit den Händen den Takt. Zwischendurch nippte er an einem Korn. Der Ouzo war schon vor einiger Zeit ausgegangen. Das Mädel ist klasse, dachte er.
In der Zasiusstraße tanzte sie immer noch. Als sie oben in Hämmerles Wohnung angekommen waren, sang sie „Ein

Schiff wird kommen". Dann sank sie in die Arme des Kapitäns.

Getrenntes Nachspiel

In der konspirativen Wohnung der DRIÜ wurde heftig transpiriert. Es war immer noch nicht kühler geworden im Breisgau.

Also, morgen ist es soweit. Brenner wischte sich mit dem Unterarm den Schweiß von der Stirn und breitete den Stadtplan auf dem Küchentisch aus.

Du, er sah zu Tanja hinüber, *du nimmst dir die Kaiser-Joseph-Straße vor. Bloch geht zur Engelstraße. Und du, Rosa, übernimmst die Schusterstraße. Rosa? ROSA! Menschenskind, was ist denn mit dir los?* schnauzte Brenner. *Hast du gekifft, oder was?*

Rosa zuckte zusammen. Sie wurde knallrot. Da war sie mit ihren Gedanken doch glatt woanders gewesen.

Die ist heut nacht nicht nach Hause gekommen, petzte Bloch. *Muß ja irre gewesen sein.* Er feixte anzüglich.

Kannst du nicht warten bis nach der Aktion, verdammt noch mal? Brenners Stirnadern schwollen an. Das hier würde seinem Blutdruck gar nicht gut tun. Er hätte sich doch den praktischen Blutdruckmesser fürs Handgelenk kaufen sollen. Sah aus wie eine Uhr, war aber tatsächlich so was wie ein Krankenhaus im Mini-Format. Damit konnte man sogar die Herzfrequenz messen.

Ist klar, Commandante. Rosa nickte eifrig. *Schusterstraße. Du kannst dich auf mich verlassen.*

Und was ist mit Behfünf? fragte Bloch.

Bist du blöd? Wie kommst du denn auf die Idee, daß der

bei der Kommando-Aktion mitmacht? Brenner konnte nur noch müde den Kopf schütteln.
Der hat doch keine Ahnung, sprang Tanja ein. Sie hatte ihre Lektion gelernt. *Der weiß von nichts, und das muß auch so bleiben. Nur dann kann die Aktion starten. Das einzige, was der weiß, ist, daß er Styropor gesammelt hat.* Sie lachte gehässig.
Ist das Material da? bellte Brenner.
Wird heut nacht geholt! rapportierte Tanja. *Das hat der Dicke noch in seiner Wohnung.*
Rosa wurde noch röter.
Ich muß mal, murmelte sie und stand auf.
Du bleibst jetzt hier. So lang wirst du warten können. Brenner zog sie am Arm zu sich her, ließ sie aber sofort wieder los.
Mein Gott, stinkst du. Was war denn das für ein Gesöff?
Ouzo, hauchte Rosa. *Das hat man gegen die griechische Militärdiktatur eingesetzt.*
Was soll denn der Schwachsinn? Bist du jetzt völlig durchgeknallt? Ich hoffe, das hat sich bis morgen gelegt. Daß das allen klar ist, Brenner klopfte mit der flachen Hand auf den Tisch und sah in die Runde. *Kein Tropfen bis zum Ende der Aktion. Dann gebe ich beim Weinfest einen aus.* Er grinste hämisch.
Tanja und Bloch lachten.
Aber bis dahin, Brenners Stimme wurde wieder scharf, *bis dahin keinen Schluck. Und wehe, es quatscht einer. Ihr wißt ja: Der Feind ist mitten unter euch.*

Ungefähr zur gleichen Zeit spazierte Hämmerle mit Castro

in Richtung Sternwald. Die beiden schlappten die Zasiusstraße hoch und bogen dann rechts ab in die Sternwaldstraße. An deren Ende führte ein schmaler kombinierter Fuß- und Radweg an ein paar verwilderten Kleingärten vorbei, in manchen gammelten die Überreste weißer Partyzelte vor sich hin. Gegenüber, in einem gepflegten Garten, lehnte eine Steintafel an einem Mäuerchen. „Man sieht nur mit dem Herzen gut“ war darauf zu lesen.

Siehst du, sagte Hämmerle zu seinem Hund und deutete auf die Steinplatte. *Das ist es, was ich vorhin gemeint habe. Manchmal kommt es quasi darauf an, genauer hinzusehen.*

Castro hob das Bein an dem Gartenmäuerchen. Er konnte sich denken, worauf Hämmerle hinauswollte. Am Ende des Weges bogen Herr und Hund rechts auf die Eisenbahnbrücke. Der Bolzplatz auf der anderen Seite der Gleise lag in der prallen Sonne. Das ausgedörrte Gras würde lange brauchen, um sich von diesem Sommer zu erholen. Jean-Marie warf ein Stöckchen. Unlustig schlug sich Castro in die Büsche. Er hatte noch nie kapiert, warum die Menschen so gerne Stöckchen in die Gegend schmissen. Aber gut. Er legte Hämmerle das Holzstück vor die Füße. Zum Glück war dieses Herrchen zu faul, sich noch einmal zu bücken.

Ich sage immer, eines der größten Übel der Menschheit ist das Vorurteil, dozierte Hämmerle auf Castro ein. *Deshalb wurden schon Kriege geführt. Wer nie bereit ist, sein Denken zu verändern, der hat am Schluß das Nachsehen. Denk nur mal an Erich Honnecker. Der hat's auch nicht gerafft. Alle großen Geister waren flexibel. Das ist quasi eine Voraussetzung des Denkens. Ich sag nur „Heidegger“.*

Die Kleingärten auf dieser Seite des Bahndamms waren besser gepflegt. In Reih und Glied standen die Tomaten an ihren Stöcken stramm. Kleine gepflasterte Wege führten an üppigen Gemüsebeeten vorbei, wo Kohlkopf an Kohlkopf sprießte. Es gab Kürbisse und Zucchini, Sonnenblumen und Salat. Die Pfirsichbäume trugen schwer an ihrer Last. Vereinzelt reiften die ersten Weintrauben.

Am Deichelweiher legte Hämmerle eine Pause ein. Der kleine Teich lag angenehm im Schatten. Von hier aus war seit Jahrhunderten über eine hölzerne Leitung, die Deicheln, Trinkwasser in die Stadt geleitet worden. Wegen dieser Deichelleitung war es 1635 sogar zu einer regelrechten Revolution der Hausfrauen gekommen.

Kannst du dir das vorstellen? fragte Hämmerle seinen Hund. *Die Hausfrauen proben den Aufstand. Hochgefährlich.* Er dachte an seine Mutter Marianne. Die wäre bestimmt in der vordersten Reihe beim Sturm auf das Rathaus dabei gewesen. Die Hausfrauen hatten behauptet, das Wasser aus den Deicheln tauge nichts. Daraufhin hatte man die Aufständischen im Schwabentor eingesperrt, wo sie sich einige Tage bei Brot und Wasser aus der neuen Leitung an den Geschmack gewöhnen konnten.

A propos Heidegger, kehrte Hämmerle zu seinem ursprünglichen Gedankengang zurück. *Der hat mehrmals in seinem Leben eine Kehre gemacht. Die Richtung ändert sich, aber das Ziel bleibt. Der Zweck heiligt die Mittel. Und manchmal ist man eben gezwungen,* er räusperte sich, *zu ungewöhnlichen Mitteln zu greifen.*

Castro hob träge den Kopf. Die ungewöhnlichen Mittel hatte er in der letzten Nacht mehr oder weniger miterlebt.

Auf der steilen Fußgängerbrücke über die Höllentalbahn

konnte man deutlich den Baustellenlärm von der B31 Ost neu hören. Mit Ruhe und Frieden war es in diesem idyllischen Viertel endgültig vorbei. Und das würde auch so bleiben, wenn man den Bau der Straße nicht noch stoppen konnte. Der Stadttunnel war so gut wie zu den Akten gelegt.

Man sieht ja, wer die Macht im Staat hat, machte Hämmerle weiter. *Das darf man sich als aufgeklärter Bürger nicht gefallen lassen. Diese Leute von der DRIÜ zum Beispiel. Natürlich sind das Spinner. Und Verbrecher dazu. Aber,* er hob die Stimme, *wenn man eben genau hinsieht, dann ist nicht alles, was sie fordern, Unsinn. Und auch rein menschlich ist nicht alles schlecht.* Hämmerle hüstelte. *Man muß sich nur in eine Sache vertiefen, dann sieht sie gleich ganz anders aus, gell, Castro?*

Castro bellte.

In der Ferne läuteten Kirchenglocken.

Land unter

Majestätisch ragte der schönste Turm der Christenheit in die Nacht und ließ gelbes Licht durch sein filigranes Maßwerk schimmern. Wo am Tag Kohl und Käse feilgeboten wurden, stand man nun, am späten Abend, in weißen Partyzelten beieinander und ließ mit voranschreitender Stunde Alkohol- und Geräuschpegel anschwellen und die Hemmungen fallen. Es war Weinfest, und Freiburg feierte auf seine ganz besondere Art.

Jean-Marie Hämmerle lehnte mit Dieter Pikulski bei Gutedel und Roter vom Grill am Ausschank der WG Wolfenweiler vor dem Oberkirch. Er legte den Kopf in den Nacken und sah hinüber zum Münster. Mit dem mächtigen Bauwerk verband ihn mehr als nur die übliche Freiburger Sentimentalität. Einmal sogar war er auf einer unfreiwilligen Kletterpartie am Turm in Bergnot geraten. Sein Blick schweifte über die Strebebögen und Wasserspeier am Langhaus hinüber zu dem kleinen Seitenportal an der Südseite. Dort, zwischen den wuchtigen Sandsteinpfeilern des spätgotischen Chors, waren immer noch die Fragmente der Namenszüge zu sehen, die Studenten und Soldaten früherer Generationen in das Mauerwerk gekerbt hatten. Auch Hämmerle hatte einmal nächtens versucht, mit Hilfe eines Taschenmeißels seine Initialen in den Stein zu schlagen. Nach dem „J." hatte er aufgegeben. Sandstein konnte verdammt hart sein.

Trotz der Hitze waren die Zelte und Buden auf dem Weinfest in dieser sternenklaren Nacht proppevoll. Hämmerle und Pikulski hatten bewußt eine der wenigen übrig gebliebenen rustikalen Holzbuden des Festes zum Standquartier gewählt. Passend zum Anlaß trug Jean-Marie sein T-Shirt mit der Aufschrift „Wir sind das Volk“. Seit Jahren war das traditionelle Weinfest auf den Münsterplatz nicht nur ein kommunalpolitischer sondern auch ein bürgerschaftlicher Zankapfel. Das Fest teilte die Stadt in Oben und Unten, Arm und Reich, Gut und Böse und führte immer wieder zu wahren Leserbriefschlachten in der Badischen Zeitung. Jahrzehntelang hatten die Breisgauer ihr Weinfest in erster Linie feucht-fröhlich und auf harten Holzbänken gefeiert. Den Gutedel schlotzten sie aus Zehntelesgläsern, die in kleinen Lederköchern von ihren Hälsen baumelten. Jetzt stand man bei Entenbrüstchen an Blattsalaten und Terrine von Edelfischchen an schwankenden Bistrotischchen und trank seinen Chardonnay aus langstieligen Gläsern, die ständig umfielen. Und das alles zu Preisen, die einen auch nüchtern umhauten.

Ißt du dein Tablett noch? fragte Hämmerle und deutete auf die ökologisch-korrekte eßbare Unterlage aus Waffelmaterial. Pikulski schüttelte den Kopf:

Das kriegt Castro, sagte er.

Der Hund frißt sowieso zu viel, murmelte Hämmerle mit einem Blick auf Castro und angelte nach dem Tablett.

Von seinem hölzernen Tresen aus beobachtete er kauend Freiburgs Schickeria beim Bussi-Geben. Die Damen waren in leichte Sommerkleidchen gewandet, die Herren knitterten edel in Leinen. Direkt gegenüber stand die neueste Chefriege des örtlichen Ex-Monopolblattes am Stehtisch und ließ es sich bei Austern und Schampus gut gehen. Schließlich wußte man: Noblesse oblige. War nicht der Chefberater der Zeitung ein leibhaftiger Lord? Einer der Herren Redakteure zog von Zeit zu Zeit verstohlen einen Flachmann hervor und nahm einen kräftigen Schluck. Man munkelte in Kollegenkreisen, daß er sich fast ausschließlich flüssig ernährte. Immerhin, es schien zu wirken. Zwischendurch kritzelte er angeregt auf einer Papierserviette herum. Der Mann war offensichtlich immer im Dienst.

Siehst du, Castro, Hämmerle warf dem Hund ein Stückchen Tablett hin, *das sind jetzt die Reingeschmeckten, die in Freiburg die Meinung machen. Keine Ahnung von der Stadt und den Menschen, die hier leben, aber zusammen mit ein paar Funktionären vom Gaststättenverband und ihrer Propaganda versauen sie das Weinfest. Das ist ungefähr so, als ob der Papst ...*

Komm, laß gut sein. Dieter winkte ab. Er wußte zur Genüge, daß die Badische Zeitung für Hämmerle inzwischen zu einem regelrechten Reizthema geworden war. Früher hatte Jean-Marie die BZ nur ohne Lokalteil gelesen. Heute schmiß er auch den überregionalen Teil gleich in den Müll. Eigentlich kaufte er die Zeitung nur noch wegen des Fernsehprogramms. Und wenn zum Thema BZ das Weinfest und der Papst kamen, war der Abend gelaufen.

Guck mal da, versuchte Dieter abzulenken. *Ist dir das schon mal aufgefallen?* Er deutete auf das Mosaik aus Rheinkieseln vor dem Oberkirch, das ein Malteserkreuz darstellte. *Die machen hier Werbung für Schnaps. Findest du das in Ordnung?*

Hämmerle reckte den Hals. Tatsächlich. Das Logo kannte er gut. Der Malteser, dein Freund und Helfer. Der hatte ihn schon so manches Mal nach dem Essen wieder auf die Beine gebracht. Und daneben, vor einer Kneipe namens „Bier und Speck", eine Werbung für „Dortmunder Union". Auch aus Rheinkieseln. Das war ihm bisher entgangen. Überhaupt stand Hämmerle dieser Kneipe höchst zwiespältig gegenüber.

Allein schon der Name, schimpfte er, *„Bier und Speck". Und das hier, mitten in Freiburg. Das ist doch Ruhrpott pur. Und jetzt pflastern sie den Münsterplatz auch noch mit ihrer Werbung zu. Die Idee könnte von meiner Schwester sein.* Ursula wohnte in Bochum.

Auf der anderen Seite hatte die Kneipe auch ihr Gutes. Es gab hier so ziemlich die größten Portionen Freiburgs. Gewöhnlich waren sie sogar für Jean-Marie eine echte Herausforderung. Pikulski war nur einmal mitgewesen. Aber der Anblick eines halben Spanferkels auf seinem Teller hatte ihm gereicht. So viele Sit-ups konnte er gar nicht machen, um das wieder runterzukriegen.

Was macht eigentlich Atze? fragte Pikulski. Atze war Hämmerles Neffe.

Keine Antwort.

Ey, Pikulski zupfte Hämmerle am Ärmel, *was ist denn?*

Ich glaub, das Bächle läuft gleich über. Jean-Marie zeigte auf die Holzplanken, die den kleinen Wasserlauf vor dem Eingang zum Oberkirch abdeckten. Zwischen den Bohlen quoll Wasser hervor. Der Gehsteig glänzte vor Nässe.

Das gibt's doch nicht. Dabei hat's schon ewig nicht mehr geregnet. Pikulski staunte.

Du, ich glaube wir verschwinden besser, sonst kriegen wir nasse Füße. Innerhalb von Sekunden hatte sich um Häm-

merles Birkenstocksandalen eine kleine Wasserlache gebildet.
Was ist denn hier los? Pikulski zog einen seiner italienischen Slipper vom Fuß und schüttelte ihn. Es tropfte ein wenig. *Scheiße. Der ist ja total naß.*
Auch am Nebentisch hatte jemand einen Schuh in der Hand. Ungläubig sah der Herr zum Himmel hoch und dann hinunter auf seine nassen Socken. Seine Begleiterin lachte schrill und schwenkte ihre Sandaletten über dem Kopf. Eine Brünette stieg auf eine Bierbank und tanzte barfuß Makarena. Ein Tourist in kurzen Hosen und weißen Socken kletterte ihr nach und fing an zu grapschen. Innerhalb weniger Minuten schwollen die Bächle rund ums Münster zu kleinen Seen an, die sich rasch ausdehnten. Kurz darauf stand der ganze Platz unter Wasser.
Da muß irgendwo ein Rohr geplatzt sein, sagte Pikulski und zog Hämmerle ins nächste Partyzelt. Dort war der Boden mit dicken Holzbohlen ausgelegt und noch trocken. Die Menschen drängelten sich auf den wenigen Quadratmetern. Ein Bistrotisch fiel in die Auslage mit den Schalentieren. Jemand kreischte. Die gläserne Kühltheke begann zu qualmen. Dann knallte es mächtig. Es wurde dunkel. Die Leute drängten aus dem Zelt, in dem sie eben noch Zuflucht gesucht hatten. Hämmerle, Pikulski und Castro wurden mitgerissen.
Frauen und Kinder zuerst, grölte einer.
Ja, ins Wasser, kam es zurück.
Jemand pfiff die Titelmelodie aus dem Film „Titanic“. Ein Paar knutschte hemmungslos, als stünde es auf den glitschigen Planken des sinkenden Ozeanriesen. Einige übrig geblie-

bene Mitglieder der Trachtenkapelle Titisee-Neustadt, die das Nachmittagsprogramm bestritten hatte, packten ihre Instrumente noch einmal aus, um das Szenario musikalisch zu umrahmen.

Castro begann kläglich zu jaulen.

Was ist denn mit der Töle? fragte Pikulski. Er hatte Hämmerle und Castro zum Historischen Kaufhaus gezerrt, wo sie auf einer der Steinbänke unter den Arkaden Zuflucht gefunden hatten. Weingläser und Waffeltabletts trieben an ihnen vorbei, Papierservietten und Brötchen, der eine oder andere Schuh.

Wahrscheinlich die Musik, mutmaßte Jean-Marie und beugte sich hinunter, um Castro zu kraulen. Aber das Tier ließ sich nicht beruhigen.

Hämmerle schnupperte. Diesen Geruch kannte er. Hauchfein zwar, aber eindeutig.

Sag mal, Dieter. Riechst du was? wollte er wissen.

Nö, höchstens den Hund. Der gehört mal in die Wanne.

Das ist nicht Castro. Hämmerles Stimme zitterte. *Das ist was ganz anderes.*

Und richtig. Innerhalb von Sekunden breitete sich bestialischer Gestank auf dem Münsterplatz aus und machte Schluß mit lustig. Von der Steinbank am Historischen Kaufhaus gab es kein Entkommen vor den trüben Fluten. Hämmerle und Pikulski preßten sich an die Wand und hielten sich so gut es ging die Nasen zu. Castro kämpfte gegen eine Ohnmacht.

Plötzlich riß Hämmerle Pikulski am Ärmel.

Siehst du das? preßte er zwischen den Zähnen hervor. Er deutete auf ein großes Stück Styropor, das an ihnen vorbeidümpelte. *Ich wette, das kommt aus dem Media-Markt. Und weißt du, was das heißt? Das heißt, daß ich da mit drin stecke. Ich hab schon so was geahnt. Das war die DRIÜ. Ich habe das Zeug die ganze Zeit gesammelt. Und die haben damit die Abflüsse der Bächle verstopft. Ohne mir was davon zu sagen. Dann haben sie wieder die Nummer mit der Gülle gebracht. Und auf jedem Stück Styropor sind meine Fingerabdrücke.*

Krisenstäbe

Um drei Uhr morgens traf man sich zu einer außerplanmäßigen Krisensitzung im Rathaus. Die meisten Teilnehmer waren direkt vom Weinfest in den Sitzungssaal gekommen. Die andern hatte man aus unterschiedlichen Betten geholt. Nicht jeder war auf Anhieb erreichbar gewesen. Der eine oder andere würde mächtig Ärger kriegen zu Hause.
Die Attentäter, so ergaben erste Untersuchungen der Polizei, waren äußerst geschickt vorgegangen. Sie hatten rund um den Münsterplatz sämtliche Abläufe der Bächle verstopft, die Zuläufe dagegen offen gelassen. Dadurch war es zunächst, so vermutete man, zu der Überschwemmung gekommen. Als das Wasser dann hoch genug war, hatten die Terroristen irgendwo die Gülle in das Kanalnetz eingeleitet. Das Ergebnis dieser logistischen Meisterleistung war atemberaubend.
Im Kaminzimmer des Rathauses herrschte entsprechend dicke Luft. Hinter verschlossenen Fenstern und Türen ging es hart zur Sache. Die Stimmen überschlugen sich:
... mit dem Tourismus am Ende ...
... Wiederwahl ...
... Verdienstausfälle ...
... Sachzwänge ... neues Konzerthaus ...
... da muß man doch einen Riegel ...
... Ökoterroristen ...
... unsere Partei ...
... bankrott. Der Hotel- und Gaststättenverband ...

Aber, aber meine Herren! Harry Stefan, Leitender Kommissar bei der Freiburger Kripo, versuchte, die aufgebrachten Gemüter zu besänftigen. Das hätte er besser nicht getan. Augenblicklich wandte sich die Stimmung gegen ihn:
... Schuld der Polizei ...
... unfähig ...
... längst in Pension ...
... die Verantwortung tragen Sie!
... gefeuert!!
... internationales Ansehen auf dem Spiel ...
... Knalltüte ...
Und so ging es munter weiter. Nie hätte Harry Stefan gedacht, daß es im innersten Zirkel der Stadtverwaltung so zuging. Etwas verunsichert rückte er die Kassenbrille über seinen Tränensäcken zurecht. Nun gut, dachte er ergeben. Die paar Monate bis zur endgültigen Pensionierung würde er auch noch hinter sich bringen.
Als Ergebnis der Sitzung des Krisenstabs wurde festgehalten, daß man am nächsten Morgen vor die Presse treten wolle um zu verkünden, daß man sich nun mit aller Kraft der Aufklärung der Ereignisse widmen wolle, die „unsere wunderbare Stadt an den Rand des Ruins zu treiben drohen". Das war man dem Wähler und Gewerbetreibenden schuldig.

Auch anderswo wurde hartnäckig an der Aufklärung des Verbrechens gearbeitet.
Prost. Jean-Marie hatte gerade eine neue Flasche Selbstgebrannten geöffnet. Er goß Dieter ein und kippte einen kräftigen Schluck in Castros Trinknapf. Es war nicht der erste.

Der Hund zeigte langsam Ermüdungserscheinungen. Es fiel ihm zunehmend schwer, seine vier Beinchen und den Schwanz zu koordinieren. Sein Herrchen und dessen Freund saßen in große Handtücher gehüllt auf dem Sofa. Im winzigen Bad rotierte die Waschmaschine mit ihrer stinkenden Kleidung. Jean-Marie würde sich ein neues Paar Birkenstock kaufen müssen. Und das war eindeutig Dieters Schuld. Nach der Zwangspause auf der steinernen Bank vor dem Historischen Kaufhaus war er es gewesen, der den Gestank nicht mehr ausgehalten und die andern genötigt hatte, mit ihm durch die trübe Brühe Richtung Schusterstraße zu waten.

Was willst du denn noch? fragte Dieter. *Du weißt, wer's war, und du weißt, wie du an die rankommst. Warum zeigst du sie nicht an, diese Chaoten?*

Hämmerle atmete schwer und schüttelte den Kopf:

Du hast wohl vergessen, daß ich da mit drin hänge. Die haben mich quasi in der Hand. Wer hat denn das ganze Styropor besorgt? Und überhaupt, er ließ seine Hand schwer auf sein Knie fallen, *ich kann's nicht fassen.*

Pikulski zog das Handtuch enger um den Waschbrettbauch und nahm einen Schluck:

Die Sache ist doch sonnenklar, sagte er. *Deine grünen Heinis werden größenwahnsinnig. Was gibt's denn da noch zu deuteln?*

Wenn du die gesehen hättest, Hämmerle suchte nach Worten, *die, also, Erstsemester, sag ich dir, die sind doch alle grün hinter den Ohren.*

Eben, warf Pikulski ein. Er wählte konservativ.

Daß die so ein Ding auf die Beine stellen - ich kann's nicht glauben. Ich sag dir, da muß eine Riesenorganisation dahin-

ter stecken. An die müssen wir ran. Wenn ich jetzt die drei Figuren bei der Polizei anzeige, kriegen die die Hintermänner nie zu fassen. Du kennst doch die Bullen. Das ist quasi wie im Drogenhandel. Man muß nicht die kleinen Dealer auf der Straße verhaften. Man muß die großen Bosse in Lateinamerika rankriegen. Oder im Präsidium.
Jetzt schwafel nicht rum, sagte Pikulski. *Woher willst du wissen, daß die nicht auch auf eigene Rechnung arbeiten?*
Beweisen kann ich nichts, gab Hämmerle zu. *Aber ich kriegs raus.* Er kippte den Selbstgebrannten auf Ex.

In der konspirativen Wohnung der DRIÜ am Augustinerplatz war es kaum auszuhalten. Dicke stinkende Luftschwaden schwappten durch die Bulthaup-Küche.
Wenn die das rauskriegen! schrie Rosa hysterisch. *Wenn die das rauskriegen, kann ich mein Referendariat gleich vergessen. Du blöde Schnepfe! Das zahl ich dir heim.* Sie warf sich auf Tanja und riß sie an den Haaren.
Blöde Kuh! kreischte Tanja. *Laß mich in Ruhe. Du bist ja nicht ganz dicht. Was willst du eigentlich von mir??*
Das warst du mit der Gülle, brüllte Rosa mit hochrotem Kopf. *Du willst uns alle reinreiten. Dir geht's doch nur ums Geld.*
Ums Geld? Tanjas Stimme kippte über. Sie nahm die Vase aus Muranoglas - ein Geschenk von Papi - vom Küchenregal und donnerte sie vor Rosas Füße. *Da siehst Du, was ich mit Geld mache. Glaubst Du, das hab ich nööötichhh?*
Bloch würgte. Er war kreidebleich mit einem leichten Touch ins Grüne. Das machte sich gut zu den gelben Haaren. Er war ziemlich fertig. So ein bißchen Bächle verstopfen war

das eine. Die ganze Stadt zu verpesten, das war was anderes. Ganz zu schweigen von den Wirkungen, die der Gestank auf einen selbst hatte.

Hört endlich auf, euch gegenseitig fertig zu machen. Er versuchte, die beiden Mädels auseinander zu zerren. Das ging nicht ohne Blessuren ab. Zuerst bekam er von Rosa eine geknallt. Dann biß Tanja ihn in die Hand. Erst als er seinen ganzen Mut zusammennahm und einen Schrei ausstieß, vor dem er selbst erschrak, fuhren die beiden auseinander. Japsend ließ er sich auf den Boden fallen.

Das war keiner von uns, keuchte er. *Wie sollten wir denn an die ganze Gülle kommen? Wir waren doch die ganze Zeit zusammen.*

So? Tanja machte eine bedeutungsvolle Pause. *Die ganze Zeit zusammen, sagst du? Wo waren wir denn neulich Nacht „alle zusammen" mit Rosa? Ich kann mich nicht erinnern. Rosa,* sie drehte sich zu ihrer Mitbewohnerin um, *Rosa, sag uns doch mal, wo wir „alle zusammen" waren, neulich, als du am Morgen hier mit dieser ekelhaften Fahne angekommen bist. Hattest was Dringendes zu erledigen, wie?*

Das geht euch gar nichts an, Rosa baute sich vor den beiden auf. *Wollt ihr mir unterstellen, daß ich meine revolutionäre Disziplin vernachlässige?*

Bloch wich einen Schritt zurück.

Ist ja gut. Ich glaub dir. Unterstellen wollte er gar nichts. Er liebte die Harmonie.

Wer soll's dann sonst gewesen sein, Klugscheißer? schimpfte Tanja.

Bloch lehnte sich zurück:

Ich sag euch, das war Behfünf. Überlegt doch mal. Er ist der Trittbrettfahrer, das wissen wir. Das hat uns Walter doch gesagt. Und er hat recht gehabt. Damit ist er überführt.
Der Dicke, diese Sau, brach es aus Tanja heraus. *Klar, das war der Dicke. Dieser elende Trittbrettfahrer. Den mach ich fertig.*
Aber woher wußte der, was wir vorhaben? wunderte sich Bloch. *Wir haben ihn doch nur zum Styroporsammeln geschickt. Kein Wort von der Aktion.*
Kein Wort, bekräftigte Rosa.
Bloch sah sich unsicher um:
Also wenn ihm keiner was gesagt hat, seine Stimme wurde ganz leise, *dann gibt es nur noch eine Möglichkeit.* Er griff nach Papier und Bleistift und schrieb in dicken Lettern:

WIR WERDEN ABGEHÖRT!!
HIER MÜSSEN IRGENDWO WANZEN SEIN!!!

Nach einer halben Stunde war die Küche nicht mehr wiederzuerkennen. Trotzdem gab es von Wanzen keine Spur. Der Dicke hatte die Abhörmikrophone zu gut versteckt. Er war raffinierter, als sie gedacht hatten.

Wenn der Postmann zweimal klingelt

Der zweite Gülle-Anschlag auf die Breisgau-Metropole unterschied sich vom ersten Attentat wie eine Stange Dynamit von einem Knallfrosch.
Am Nachmittag waren die Straßen und Plätze der Innenstadt verwaist. Nur die Putzkolonnen waren unterwegs. Diesmal hatte sich die üble Brühe in jeder Ritze des Kopfsteinpflasters rund um das Münster festgesetzt. Die drückende Hitze besorgte den Rest. Freiburg stank zum Himmel.
Dieter Pikulski lehnte am Fischbrunnen an der Nordseite des Münsters. Er hatte seine Atemmaske heruntergezogen und wischte sich den Schweiß von der Stirn. Seit dem frühen Nachmittag schrubbte er den Münsterplatz zusammen mit anderen Freiburger Arbeitslosen, die wie er keine Chance gehabt hatten, sich vor der gemeinnützigen Zwangsarbeit zu drücken. Arbeit und Arbeitslosengeld oder keine Arbeit und kein Geld war die Alternative gewesen. Jetzt tat ihm der Rücken weh, und er hatte Blasen an den Händen. Seine Wut war tiefer Resignation gewichen. Das nannte sich nun Sozialstaat.
Das ist nun der berühmte Sozialstaat, sagte er zu dem Kollegen neben sich.
Dieser Begriff geht auf die "Sozia" zurück, dozierte der Leidensgenosse, ein arbeitsloser Lehrer. *Und "Sozia" bedeutet Beifahrerin. Hat irgendwie auch mit Solidarität zu tun. Aber daß ich hier mal mit zwei Staatsexamen die Scheiße wegschrubben muß, das ist eindeutig zu viel verlangt.*

Ein orangerotes Einsatzfahrzeug der Stadtreinigung fuhr mit blinkendem Licht dicht an ihm vorbei. „Z'Friburg in d'r Stadt, sufer isch's un' glatt" las Pikulski auf dem Wagen. Er lachte bitter. Beifahrerin hin oder her, der Satz war blanker Hohn. Und das alles, weil sein feiner Freund Jean-Marie nicht rechtzeitig zur Polizei gegangen war. Stattdessen hatte er den Anschlag sogar noch mit vorbereitet. Das würde er ihm heimzahlen.

Das zahl ich dir heim. Pikulski knallte einen Brief vor Hämmerle auf den Tisch. Es war Abend, und Dieter und seine Schicht waren am Ende. Vorsichtig schielte Jean-Marie auf das Blatt Papier. Der Briefbogen trug das Wappen Freiburgs. *So eine Sauerei. Zwangsarbeit ist das, sag ich dir. Sehr geehrter Herr Pikulski,* las Dieter vor. *Daß ich nicht lache. Weißt du, was der „sehr geehrte Herr Pikulski" zu tun hat? Anzutreten hat der wie ein Schwerverbrecher. Den Münsterplatz schrubben. „Freiwilligen Arbeitseinsatz" nennen die das.* Er lachte. *Von wegen freiwillig. Bei dem Gestank. Wenn ich nicht antrete, gibt's keine Knete mehr. Das nennt sich nun Sozialstaat. Das ganze Leben schuften, und wenn du dann mal ein paar Wochen keinen Job hast, bist du dran. Fehlt nur noch das Arbeitslager. Und morgen geht's weiter.* Langsam kam Pikulski trotz seiner Müdigkeit in Fahrt. *Und wem hab ich das zu verdanken?* Er haute mit der Faust auf den Tisch.
Castro verzog sich ins Schlafzimmer. Er hatte Kopfschmerzen, und der Krach ging ihm auf die Nerven.
Die ganze Zeit über hatte Hämmerle kreidebleich und stumm dagesessen. Jetzt zog er einen zerknitterten Fetzen

Papier aus den Tiefen seiner 501:
Ich hab auch Post gekriegt, sagte er mit zitternder Stimme. *Hier. Lies mal.* Er schob Dieter das Blatt rüber.

Du Sau, elender Verräter. Wir kriegen dich. Dann schneiden wir dir was ab und hauen dich in Stücke. Dein letztes Stündchen hat geschlagen. DRIÜ.
P.S. Vielleicht stecken wir dich auch in dein Güllefaß.

Pikulski glotzte Hämmerle entgeistert an;
Das kapier ich nicht. Wieso „dein Güllefaß"? Glauben die im Ernst, daß du das warst? Ich meine, die wissen doch ...
Mensch, ich sag die ganze Zeit, die können das mit der Gülle nicht gewesen sein. Dazu sind die viel zu dämlich. Das, Jean-Marie klopfte mit dem Zeigefinger auf den Brief, *das ist der endgültige Beweis. Die Überschwemmung, okay. Aber mit der Gülle haben die nichts zu tun. Blöd ist nur, daß die mich jetzt auf dem Kieker haben.*
Vielleicht setzt der Herr Hämmerle jetzt endlich mal seinen Arsch in Bewegung und unternimmt was, sagte Pikulski. *Wenn er schon für seinen besten Freund nichts tut, wird er wenigstens seine eigene Haut retten wollen.*
Und wie soll ich das machen? wollte Jean-Marie wissen. *Ich weiß nicht mal, wo die DRIÜ ihr „Hauptquartier" hat. Wie soll ich zu denen Kontakt aufnehmen? Die waren so geheim, daß sie mir die ganze Zeit die Augen verbunden haben.*
Pikulski zuckte mit den Schultern:
Das ist dein Problem. Ich hab selbst genug am Hals. Versuch's doch noch mal mit diesem Flachmann, diesem Bren-

ner. Der kennt die doch. Vielleicht kriegst du über den was raus.

Bist du wahnsinnig? Ich wette, ich werde beobachtet. Hämmerle griff nach dem Drohbrief und wedelte damit vor Dieter herum. *Du erwartest doch nicht im Ernst von mir, daß ich mich in dieser Situation auf die Straße wage. Bei mir geht's nicht um die Stütze. Bei mir geht's ums Leben.* Er stockte und griff sich an den Hals. Gehetzt sah er sich um. Dann zog er Pikulski zu sich heran und wisperte ihm ins Ohr:

Vielleicht werde ich sogar abgehört. Die arbeiten mit allen Tricks.

So ein Blödsinn, bollerte Dieter. *Wer soll denn ...?*

Pssst, sag ich. - Hämmerle legte den Finger auf den Mund. Rosa, dachte er. Das konnte nur sie gewesen sein. Zuerst hatte sie ihn besoffen gemacht, dann verführt und, als er vertrauensselig eingeschlafen war, die Wohnung verwanzt. Aber das wollte er lieber für sich behalten.

Ey, ihr Arschgeigen, könnt ihr mich hören? schrie Dieter und drehte sich mehrmals um die eigene Achse. *Wenn ich einen von euch erwische, dem polier ich dermaßen die Fresse.* Er schüttelte die Faust gegen die Decke.

Die Botschaft war angekommen. Von unten bollerte es. Dieter riß die Wohnungstür auf und brüllte:

Und dir da unten auch!

Ein paar Stunden später war Hämmerles Wohnung nicht wiederzuerkennen. Auf der Suche nach den Wanzen hatten die beiden das Unterste zuoberst gekehrt. Erstaunlich, was bei einer solchen Aktion alles auftauchte. Ein Vogelkäfig zum Beispiel. Ein Stapel uralter BZ-Lokalteile. Diverse Socken. Eine Damenperücke und ein paar hochhackige Pumps. Ein Endchen vergammelte Leberwurst. Hämmerles Taxilizenz. Alles, bloß keine einzige Wanze. Die DRIÜ hatte die Abhörmikrophone offensichtlich gut versteckt. Sie waren raffinierter, als er gedacht hatte.

Die Überläuferin

Die Wildecker Herzbuben schmetterten, was das Zeug hielt. *Herzilein,* sangen sie, *du mußt nicht traurig sein.* Hämmerle hielt es schier nicht mehr aus. Aber da mußte er durch. Wenn er schon die Abhöranlage der DRIÜ nicht fand, wollte er sich wenigstens rächen. Seit 24 Stunden S 4 nonstop und in voller Lautstärke. Denen würde die Revolution vergehen. Die Kastelruther Spatzen, Patrick Lindner und die Fischer-Chöre. Hämmerles Mutter Marianne hätte ihre Freude gehabt. Er selbst schützte seine linke Gesinnung notdürftig mit Oropax.

Fast hätte er über der James-Last-Version des Deep Purple-Hits „Smoke on the water" das Klingeln nicht gehört. Er pulte die Wachskugeln aus den Ohren und stellte das Radio eine Idee leiser. Das war sicher wieder Frau Meier von unten, um sich zu beschweren. Eigentlich, so hatte er gedacht, müßte ihr die Musik gefallen. Aber man konnte es der Alten einfach nicht recht machen.

Er öffnete die Tür.

Rosa!

Hämmerle knallte die Tür wieder zu.

Schwer atmend drückte er sich gegen die Wand. Wahrscheinlich hatte sie eine Knarre dabei.

Ich muß mit dir reden, kam es durch den Briefschlitz. *Mach auf.*

Ich bin doch nicht lebensmüde, zischte Hämmerle.

Kannst du lauter sprechen? Ich versteh nichts bei dem Krach.

Ich bin doch nicht lebensmüde, wiederholte Jean-Marie, geringfügig lauter. *Euer Brief war deutlich.*
Deshalb komm ich ja. Rosa trommelte mit den Fäusten gegen die Tür.
Das kann ich mir denken.
Nicht wie du denkst, Rosas Stimme klang gehetzt, *jetzt komm schon.*
Wenn jetzt nicht sofort Ruuuuhheeee ist, hol ich die Polizei! Das war Frau Meier von unten.
Mach *schon auf,* bettelte Rosa, *sonst sind wir beide dran.*
Nur wenn du mir sagst, wo die Mikrophone sind, raunzte Hämmerle zurück.
Welche Mikrophone? Rosas Stimme wurde langsam schrill.
Gottverdeckel, Herr Hämmerle, meine Geduld ist am Ende. Entweder ist da oben jetzt augenblicklich Ruhe, oder die Polizei ist in fünf Minuten da. Frau Meiers Stimme überschlug sich hysterisch.
Hämmerle stand der blanke Schweiß auf der Stirn.
Bist du allein? fragte er durch den Briefschlitz. Aus der Küche schallte gerade der Peter Alexander-Song „Mandolinen und Mondschein" aus den 50er-Jahren.
Sag mal, was ist eigentlich los da drin? Brauchst du Hilfe? Rosas Stimme kippte.
Hilfe, Hilfe, schrie Frau Meier. *Ich halt das nicht mehr aus. Polizei!*
Endlich öffnete Jean-Marie die Tür einen Spalt breit. Castro schoß aus dem Wohnzimmer und versuchte, ins Treppenhaus zu entkommen. Gegen die letzte Nacht war die Zeit im Tierheim die reinste Erholung gewesen.
Hiergeblieben! Hämmerle packte den Hund am Schwanz

und zerrte ihn zurück in die Wohnung. Das war die Gelegenheit für Rosa. Sie stieß Hämmerle zur Seite, rannte in die Küche und schaltete das Radio ab.
Puh, sagte sie. *Das war knapp. Sag mal,* sie sah sich um, *was ist hier eigentlich los? Was soll der Krach? Und warum läßt du mich nicht rein?*
Hämmerle musterte Rosa von oben bis unten. Schwer zu sagen, ob sie eine Waffe dabei hatte. Unter dem T-Shirt hätte man einen Panzer verstecken können. Sicher war sie nur vorgeschickt worden. Wahrscheinlich wußte die gesamte DRIÜ längst von ihrer gemeinsamen Nacht. Wenn das Ganze nicht sogar von langer Hand geplant worden war. Eine Liebesnacht im Dienste der Revolution oder so. Christine Keeler, Rosemarie Nitribit, Mata Hari und wie sie alle hießen. Und er war darauf reingefallen.
Das müßtest du am besten wissen, sagte er schnippisch. *Schließlich hört ihr mich ja ab.*
Wir dich? Was soll der Quatsch? Rosa zeigte ihm einen Vogel. *Du uns, meinst du wohl. Oder glaubst du, das wüßten wir nicht?*
Hämmerle klappte der Kiefer runter. Irgendwas lief da schief:
Das ist ja noch schöner, sagte er. *Ihr klebt mir die Bude mit Wanzen voll, und dann dreht ihr einfach den Spieß um. Ich hör niemand ab.*
Dich hört auch keiner ab, wenigstens niemand von der DRIÜ, entgegnete Rosa.
Und das hier? Was ist damit? Hämmerle wedelte mit dem Drohbrief.
Deswegen bin ich ja hier. Die anderen glauben, daß du ein

Trittbrettfahrer bist und dich an uns rangehängt hast, um abzusahnen. Und jetzt sollst du büßen. Rosa kamen fast die Tränen.

Das ist doch Blödsinn. Wie kommt ihr bloß darauf? Und überhaupt. Was ist denn das für eine Geschichte mit diesem ominösen Trittbrettfahrer? Hämmerle kam nicht ganz nach.

Also, paß auf. Rosa packte Hämmerle am Handgelenk. Ihre Stimme wurde leise. *Die anderen dürfen auf keinen Fall erfahren, daß ich bei dir war, sonst bin ich geliefert. Jemand versucht, bei uns mitzumischen. Der behauptet in seinen Erpresserbriefen, zur DRIÜ zu gehören. Die Bombe und der Mundenhof, okay, das waren wir. Die Bächle haben wir auch verstopft. Dafür haben wir das Styropor gebraucht. Aber mit der Gülle haben wir nichts zu tun. Weder das eine noch das andere Mal. Das schwöre ich.* Rosa spreizte zwei Finger in die Höhe. *Das war jemand anderes. Der hat uns knallhart ausgenutzt, um sein eigenes Ding zu drehen. Erpreßt die Stadt um Geld, und wir sitzen in der Scheiße, weil es so aussieht, als sei das die DRIÜ gewesen.*

Also wieso ihr da ausgerechnet auf mich kommt, ist mir schleierhaft, sagte Hämmerle. *Es gibt doch bestimmt genügend Leute, die besser über eure Aktionen informiert sind als ich. Ich hab ja bis gestern noch nicht mal gewußt, wofür ich das ganze Styropor gesammelt habe.*

Der einzige, der noch was weiß, ist Walter. Und der gehört zu uns, flüsterte Rosa. Ihr war selbst nicht ganz geheuer. Immerhin beging sie gerade Hochverrat.

Walter? Du meinst Wal-ter Bren-ner? Hämmerle betonte jede Silbe. *Der Anwalt? Ich hab gedacht, der wär quasi nur der Mittelsmann. Und der ist einer von euch?*

Der ist sozusagen unser Chef.

Das war ein Ding.

Sonst hat keiner was gewußt? Von eurem Anschlag auf das Weinfest zum Beispiel?

Rosa schüttelte den Kopf.

Bist du ganz sicher, daß keiner von deinen beiden Mitbewohnern gequatscht hat? Hämmerle sah Rosa durchdringend an.

Hundert Pro. Die hätten doch viel zu viel Schiß. Besonders nach der letzten Aktion.

Hat Brenner bei der Weinfest-Aktion mitgemacht? fragte Jean-Marie.

Rosa schüttelte abermals den Kopf:

Der mußte kurz vorher weg, nach Vechta. Irgendwas mit seiner Mutter, oder so.

Wieso Mutter? fragte Hämmerle. *Die wohnt doch in Gottenheim.* Hämmerle setzte sich an den Küchentisch, stützte die Ellbogen auf und legte beide Hände an die Stirn. Er atmete schwer. *Jetzt überleg mal. Wenn Du, Bloch und Tanja nicht gequatscht haben und ich keine Ahnung hatte und außer Brenner sonst keiner was weiß,* er machte eine vielsagende Pause, *dann kommt ja nur einer in Frage. Und das ist Walter Brenner. Brenner spielt ein doppeltes Spiel.*

Walter? Das ist unmöglich. Rosa war fassungslos. *Der, ein Verräter? Niemals! Der hat uns doch die Revolution erst beigebracht. Das mit der Unterdrückung vom Proletariat und der Umweltzerstörung. Und daß beides zusammenhängt. Wer den Regenwald befreit, hat er immer gesagt, befreit auch die Arbeiterklasse. Der Tourismus ist die Geißel der Menschheit, hat er gesagt. Hast du schon mal überlegt,*

wieviel Wasser den Bach runter geht, wenn alle Touristen in Afrika dreimal am Tag duschen wollen? Und die B31 Ost neu? Rosa stieg das Wasser in die Augen. Das konnte nicht sein. Walter war wie ein Vater für sie gewesen. Auf ihn hatte sie gehört. Für seine Ideale hatte sie ihr Referendariat riskiert. Sie fing an zu schluchzen.
Hämmerle stand auf und fummelte verlegen an der Kaffeemaschine herum. Solchen Situationen war er nicht gewachsen. Dann ergriff Rosa die Initiative. Ohne weiter zu überlegen warf sie die Arme um Hämmerles Hals. Castro verzog sich ins Wohnzimmer. Den Rest kannte er bereits.

Drei Tage nach dem hinterhältigen Anschlag auf das Weinfest hingen immer noch faulige Schwaden über der Stadt. Die freiwilligen Arbeitseinsatztruppen des Sozialamts hatten ihre Putzete beendet. Jedes Bächle war geschrubbt, jeder Pflasterstein gewienert worden. Mehr war einfach nicht zu machen gewesen. Jetzt schmachtete Freiburg dem nächsten Regen entgegen. Aber der ließ auf sich warten. Ganz Europa stand unter dem Einfluß des Dauerhochs „Albert", und es gab keine Anzeichen dafür, daß sich das beständige Schönwetter endlich ändern würde.
Auch Rosa stand unter dem Einfluß eines beständigen Dauerhochs, DRIÜ hin oder her. Sie tänzelte über den Augustinerplatz, schwebte durch die Insel, flog über den Greiffeneggring und landete sanft in der Pizzeria Taormina am Schwabentorring, wo sie mit Hämmerle zu einem abendlichen Arbeitsessen verabredet war.
Die Gegend zwischen Schwabentor und Dreisam am Fuße des Schloßbergs war eine der letzten Ecken Freiburgs, die

noch auf ihre Luxussanierung wartete, einschließlich Spielsalons, Erotic-Shops und, Bischofssitz hin oder her, demnächst vielleicht sogar einem Bordell. Die Städteplaner wollten das Freudenhaus verhindern, auch auf die Gefahr hin, als bigott und kleinkariert zu gelten und hofften auf die Veränderungssperre durch den Gemeinderat. Das Projekt „Östliches Stadtgebiet" brachte sie zum Schwärmen. Sie träumten davon, die „Schloßbergnase" in eine Flaniermeile mit Kunsthalle zu verwandeln. Ein großer autofreier Platz sollte vor dem Schwabentor entstehen und eine Fußgängerzone bis hinab zur Dreisam. Dann bekamen sie Alpdrücken bei der Frage, wo die vielen Autos fahren sollten, die jetzt noch den Schloßbergring verstopften. Ganz abgesehen davon: Wer sollte das alles bezahlen? Wie dem auch sei, nach der Wiederwahl des Oberbürgermeisters war es um die städteplanerischen Visionen - mit Ausnahme der Erweiterung des Dreisamstadions - sowieso wieder ruhig geworden.
Die Pizzeria lag im Erdgeschoß einer Westvariante des DDR-Plattenbaus aus den siebziger Jahren. Der legendäre Freiburger Pizza-Pionier Giuseppe, Vorbesitzer des Lokals, das damals folgerichtig noch „da Giuseppe" hieß, hatte seinerzeit als erster in Freiburg das finanzielle Potential der Breisgauer Sehnsucht nach Bella Italia erkannt und für eigene Zwecke eingesetzt. Heute sah es in der Taormina immer noch aus wie in einem Partykeller aus den Siebzigern. Die Pizzen waren wagenradgroß und konkurrenzlos billig. Kein Wunder, daß das Taormina eine von Hämmerles Stammkneipen war. Jean-Marie und Rosa hatten sich entschlossen, Brenner zu enttarnen und zu überführen. Wie das genau gehen sollte, wollte man bei einer Pizza überlegen. Nur so

viel war klar: Ohne Beweise konnten sie die Polizei vergessen. Harry Stefan war immer noch im Dienst. Außerdem hingen sie selbst mit drin, Kronzeugenregelung hin oder her. Schließlich stand Rosa kurz vor dem Referendariat.

Aber zunächst stand ein bißchen Heimatkunde auf dem Programm. Wenn Rosa Freiburg retten wollte, dann sollte sie die Stadt auch kennen. Hämmerle streckte die Gabel Richtung Schloßberg:

... und dann haben die Franzosen die ganze Festung wieder plattgemacht, dozierte er. *Acht Bastionen. Von der Sternschanze bis zum Adlerschloß. Das war, glaube ich, nach dem Frieden von 1745. Die Stadt war total verarmt und hatte nur noch 3600 Einwohner. Kannst du dir das vorstellen?*

Rosa schüttelte den Kopf. Sie säbelte an ihrer Pizza Bolognese herum. Ab und zu spülte sie mit einem großen Schluck Schwip-Schwap nach. Hämmerle sah ihr fasziniert zu. Rosa konnte essen, dagegen war er ein Hungerkünstler. Er kam kaum nach. Castro hatte von ihrer Pizza noch kein einziges Stück abbekommen. Wenigstens ließ Hämmerle ab und zu ein Stückchen Kruste unter den Tisch fallen.

Und jetzt, machte er weiter, *soll auch hier unten alles umgekrempelt werden, wenn's nach denen geht. Ich sage dir, diese Stadt wird immer mehr schickimicki. Nimm doch nur mal die Autonomen. Früher waren die alle im Häuserkampf aktiv, wir waren quasi die Speerspitze einer antimilitaristischen Ökobewegung. Aber heute wählen sie alle FDP. Irgendwo müssen die sechs Prozent ja herkommen. Ich sage immer, das liegt daran, daß es quasi keine echten Freiburger mehr gibt. Die Stadt hat sich in ein Paradies für Rentner verwandelt. Es heißt ja, jeder zweite Deutsche will in Freiburg leben. Ich sage dir, Rosa, sie kommen fast alle zum Sterben her. So sieht's doch aus hier. Und Leute wie die DRIÜ verpesten dann noch die Bächle.*

Rosa nickte mit vollen Backen:

Das haben wir nicht gewollt, das mußt du mir glauben. Wir wollten einfach nur ein bißchen Action in die Sache bringen. Wegen der Umwelt. Tränen schossen ihr in die Augen.

Jean-Marie räusperte sich. Er streckte Rosa seine gebrauchte Serviette hin.

Danke, schniefte Rosa und putzte sich die Nase. *Aber jetzt ist alles aus. Und meine Genossen habe ich auch verraten. Was meinst du, wie man sich da fühlt?* Geräuschvoll zog sie die Nase hoch.

Hämmerle nickte schwer und wischte ihr einen Käsefaden von der Nase.

Weißt du, wenn es um die Wahrheit geht, muß man manchmal über seinen eigenen Schatten springen. Er spießte ein Stück Tomate von Rosas Salat auf die Gabel. *Das sage nicht nur ich, das hat auch mein alter Freund Fritz Teufel immer gesagt: Wenn's der Wahrheitsfindung dient ...*

Rosa klappte das Kinn runter:

Du bist mit dem Ministerpräsidenten befreundet?

Ach was, Hämmerle winkte ab und schob sich die Tomate in den Mund. *Nicht der Erwin,* schmatzte er, *den richtigen Teufel mein ich.* Er legte die Gabel beiseite und die Stirn in Falten. *Wenn ich bloß wüßte, was Brenner eigentlich will. Daß der politische Ziele hat, hab ich sowieso nie geglaubt. Der hatte immer nur seine eigenen Interessen im Kopf. Bei den Autonomen war er auch nur deshalb, weil er Mandanten brauchte. Ich würde mich nicht wundern, wenn er ein*

paar von denen verraten hätte, nur um an Fälle zu kommen.
Rosa haute ihre Gabel in ein Stück Dosenspargel.
So ein Schwein. Bei uns ging's ihm ja auch nur um die Kohle. Eine Million wollte er von der Stadt, damit die Sauerei mit der Gülle aufhört. Den mach ich fertig.
Fragt sich nur, wie wir ihn überführen, unterbrach Hämmerle. *Paß auf, ich hab da einen Plan. Wir haben keine Beweise, also müssen wir Brenner in eine Falle locken. Ihn auf frischer Tat ertappen, quasi.*
Und wie willst du das bitteschön anfangen? fragte Rosa mit vollem Mund.
Hämmerle wischte sich einen Spritzer Tomatensauce von der Brille:
Ganz einfach. Wir lassen ihn nochmal Trittbrett fahren. Mit dem einen Unterschied, daß wir einen Anschlag fingieren. Und dann beobachten wir ihn.
Hä? Rosa konnte nicht ganz folgen.
Ist doch ganz einfach, Hämmerle setzte sein Dozentengesicht auf, *du sagst ihm, daß die DRIÜ einen neuen Anschlag plant. Wenn er sich wieder dranhängen will, muß er aktiv werden. Er muß Gülle besorgen und alles vorbereiten. Und wir lassen ihn nicht aus den Augen und im richtigen Moment schlagen wir zu.*
Du hast Tanja und Bloch vergessen, die spielen da nie mit.
Dann müssen wir sie eben eine Weile ausschalten. Ich hab einen Kumpel, der übernimmt das liebend gern.

Die Falle schnappt zu

Dieter Pikulski hielt sich erst gar nicht mit der Klingel auf. Mit voller Wucht trat er gegen die Tür der konspirativen Dachwohnung über dem Augustinerplatz. Er hatte extra seine Cowboy-Stiefel angezogen. Krachend gab das Schloß nach. Ein Schritt und Pikulski war in der Küche. Im Vorbeigehen fegte er zwei Rosenthal-Kaffeetassen von der Anrichte.

Der Typ am Tisch war vor Schreck weiß wie die Wand. Er starrte Pikulski fassungslos an. Seine strohgelb gefärbten Haare standen in alle Richtungen. Die Kleine neben ihm schrie auf und stürzte sich mit ausgefahrenen Krallen auf den Eindringling. Pikulski packte sie am Handgelenk und knallte ihr eine.

So, schnauzte er, *jetzt hört mal zu, ihr Pfeifen. Ein Laut, und ihr seid erledigt.* Mit der freien Hand zog er eine täuschend echte Schreckschußpistole aus dem Hosenbund. *Siehst du die Wumme hier?* Er zog Tanja mit sich und hielt Bloch die Knarre unter die Nase. Der fing an zu zittern. *Ich werde keine Sekunde zögern, euch abzuknallen, wenn ihr nicht pariert, kapiert?*

Bloch nickte, so gut es mit dem Lauf in der Nase ging.

Was wollen Sie eigentlich von uns? Tanja wand sich in Pikulskis Klammergriff.

Halt die Klappe. Dieter drehte ihr den Arm auf den Rücken. Er sah an ihr herunter. Die Maus hatte einen niedlichen Hintern. Und Temperament hatte sie auch. Vielleicht würde die

Aktion ja noch ganz nett werden. *Wir machen jetzt einen kleinen Spaziergang. Und damit ihr mir unterwegs nicht verloren geht, binde ich euch schön aneinander fest.* Er zog eine Rolle extra-starkes Tesa-Packband aus der Jackentasche und klebte die beiden an den Handgelenken zusammen. Das ging nicht ganz ohne Gewalt. Tanja erwies sich als ausgesprochen widerborstig. Aber schließlich waren die beiden so fest miteinander verklebt, daß sie selbst die mehr als unsanfte Behandlung bei der Bundespost ohne Trennung als Paket überstanden hätten. Zum Schluß drapierte er als Tarnung eine reinseidene Weste, ein Geschenk von Tanjas Papi, über die zusammengeklebten Hände. Dann trat er einen Schritt zurück und betrachtete das Arrangement.

Perfekt, sagte er.

Blochs Blässe war einem intensiven Grün gewichen.

Wo wollen Sie denn mit uns hin? stammelte der Junge.

Das wirst du schon noch sehen. Ihr seid doch sonst immer so mutig, ihr von der, Dieter schürzte angewidert die Lippen, *DRIÜ.*

DRIÜ? Nie gehört. Tanja Stimme war ungewöhnlich schrill. *Was soll der Scheiß?*

Nie gehört, was? Da konnte Pikulski nur müde lachen. *Lest ihr Pfeifen noch nicht mal die Zeitung?*

Sind sie von der Polizei? wimmerte Bloch. Er starrte Pikulski ängstlich an.

Mach dir keine falschen Hoffnungen, Memme. Und jetzt Maul halten. Dieter sah Tanja drohend an. *Ich warne euch. Ein Mucks, und ihr seid erledigt. Ich habe nichts zu verlieren.*

Zum Glück lag Pikulskis Wohnung in der Salzstraße keine 300 Meter weit entfernt. Ungefähr fünf Minuten nach seinem Überfall schloß er seine Wohnungstür auf. Castro begrüßte ihn mit einem freudigen Bellen. Hämmerle hatte seinen Hausgenossen sicherheitshalber während der Aktion bei Pikulski untergebracht. Man konnte ja nicht wissen, wie gefährlich es werden würde.

Bloch war nur noch ein willenloses Etwas, das vor Angst schlotterte. Dieter fragte sich, wie ein solcher Waschlappen eine Bombe gelegt haben sollte. Die Kleine dagegen war ein anderes Kaliber. Außerdem roch sie ziemlich gut. Schade, daß sie an dem Kerl klebt, dachte er. Sonst hätte er sich ein bißchen intensiver um sie kümmern können. Mal abwarten, sagte er sich, vielleicht mach ich sie ja noch los. Sie schien sich auf jeden Fall beruhigt zu haben. Anscheinend mochte sie es auf die harte Tour. Er sah auf die Uhr.

Viertel nach drei. Rosa schnaufte die Treppe zu Brenners Wohnung in der Klarastraße schräg gegenüber der griechischen Gaststätte Akropolis hoch. Ihr war flau im Magen. Das lag nicht nur an der Aufregung. Auch nicht an der 300-Gramm-Milka, die sie gegen die Aufregung gegessen hatte. Die letzte Nacht war einfach zu kurz gewesen. Nach dem Abendessen in der Taormina hatten Jean-Marie und sie Dieter Pikulski in ihren Plan eingeweiht. Dieser Dieter war Rosa zwar irgendwie suspekt gewesen, Typen wie er mit Waschbrettbauch, Goldkettchen und muscle-shirt hatten einfach kein Auge für Vollblutfrauen wie sie. Aber immerhin war es Jean-Maries bester Freund.

Der generalstabsmäßig angelegte Plan (man hatte sogar die strategischen Eckpunkte auf einem Bierdeckel skizziert) sah folgendermaßen aus: In „Phase Eins“ sollte Dieter die beiden restlichen DRIÜ-Mitglieder kidnappen. Dann sollte er sie in seine Wohnung verfrachten und dort kaltstellen. Es kam alles darauf an, daß Brenner mit ihnen unter keinen Umständen Kontakt aufnehmen konnte. Sonst konnte man den ganzen Plan vergessen.

„Phase Zwei“ sah folgendes vor: Sobald die beiden DRIÜ-Mitglieder kaltgestellt waren, würde Rosa zu Brenner in die Wohnung gehen. Ihre Aufgabe war es, Brenner über einen Anschlag zu informieren, der angeblich am selben Abend stattfinden mußte. Danach („Phase Drei“) würde Rosa Pikluski ablösen und die Bewachung von Tanja und Bloch übernehmen. Der wiederum („Phase Vier“) sollte zu Hämmerle stoßen, der vom Akropolis aus Brenners Haus überwachte („Phase Drei b)“).

Vor dem Zusammentreffen mit Tanja und Bloch hatte Rosa am meisten Schiß, aber, wie Dieter betont hatte, die Verfolgung Brenners konnte gefährlich werden („Mann weiß ja nie!“), und das war Männersache. Wie das Ganze schließlich ausgehen würde, wußte keiner. Wenn Brenner wirklich der Trittbrettfahrer war, was Hämmerles Meinung nach unzweifelhaft feststand, würde er sich die neue Gelegenheit zu einem Anschlag nicht entgehen lassen. Wichtig war nur, daß er ihnen nicht durch die Lappen ging. Dann könnten sie ihn auf frischer Tat ertappen („Phase Fünf“). Zum Glück hatte Hämmerle einige Erfahrungen im Observieren.

Vor Brenners Wohnungtür machte Rosa eine Pause. Eigentlich hatte der Commandante streng verboten, bei ihm aufzutauchen. Sie atmete tief durch, zog ihr T-Shirt glatt und drückte auf die Klingel. Lang-ganzlang-kurz, der DRIÜ Notfallcode. Sie hörte Schritte im Flur, ein verschwommenes

Auge erschien im Türspion, dann riß Brenner die Tür auf. *Bist du bescheuert?* zischte er. *Los komm rein. Hat dich jemand gesehen?* Er zog sie in die Wohnung.
Rosa sah sich staunend in dem winzigen Apartement um. Das war nicht gerade das Domizil eines erfolgreichen Anwalts. Unter den Talaren der Muff von tausend Jahren, schoß es ihr bei dem Geruch durch den Kopf. Eukalyptus. Die Ikea-Möbel waren mindestens aus dritter Hand, überall stand schmutziges Geschirr herum, Kleider, Akten, leere Flaschen und volle Aschenbecher lagen kreuz und quer auf dem Boden.
Was ist los? herrschte Brenner sie an.
Rosa riß sich zusammen:
Heute abend steigt wieder eine Aktion, sagte sie.
Seid ihr jetzt von allen guten Geistern verlassen? Brenner packte sie am T-Shirt. *Die Bullen warten doch nur drauf, daß wir wieder aktiv werden. Die überwachen die ganze Stadt. Mit Sondereinheiten und so. Und überhaupt: Wir hatten doch ganz klare Abmachungen, oder?* Seine Stimme wurde ganz leise. *Und die Regel Nummer Eins lautet, wenn ich nicht irre: Keine Aktionen im Alleingang!*
Rosa nickte:
Ich weiß, ich weiß, stammelte sie. *Aber du warst ja nicht da. Und wir können nicht warten, sonst kriegen wir das mit dem Zement nicht mehr hin.*
Was für Zement? Hast du sie nicht mehr alle?
Morgen früh werden die Bächle wieder angestellt. Dann ist es zu spät.
Was ist zu spät? raunzte Brenner.
Na, die Bächle zu verstopfen. Aber diesmal richtig.

Langsam kapierte der Commandante, trotz seiner entsetzlichen Kopfschmerzen.
Ihr wollt die Bächle zubetonieren?
Nicht genau zubetonieren. Da gibt's so ein anderes Zeug, erklärte Rosa. *Eine Mischung aus Gips und Zement. Das ist in Sekunden steinhart. „Diavolo" heißt das. Damit verstopfen wir heut nacht die Bächle rund um den Bertoldsbrunnen.*
Brenner wurde kalt und heiß. Bestimmt hatte er Fieber.
Ihr müßt damit warten, herrschte er Rosa an. *Ich mein, warum gerade jetzt? Das hat doch noch Zeit.*
Eben nicht, trumpfte Rosa auf. *Wenn mal Wasser in den Bächle drin ist, geht's nicht mehr. Und außerdem ist es schon zu spät. Tanja und Bloch sind unterwegs. Ich kann die beiden gar nicht mehr stoppen. Die Aktion läuft dezentral. Totale Kontaktsperre bis morgen Mittag. Um Mitternacht fangen wir an.*
Brenner sah auf die Uhr. Keine zehn Stunden mehr. Schweiß trat ihm auf die Stirn. Verdammt wenig Zeit.
Das wird noch ein Nachspiel haben. Disziplinarisch. Und jetzt hau ab. Brenner schob Rosa zur Wohnung hinaus.
Hör mal, protestierte sie, *du kannst uns doch jetzt nicht im Stich lassen.*
Den Scheiß badet ihr alleine aus. Mit mir braucht ihr bei der hirnrissigen Aktion nicht zu rechnen. Brenner knallte die Tür hinter ihr zu.
Rosa rannte die Treppe runter und quer über die Straße zum Akropolis, wo Hämmerle auf sie wartete.
Und? fragte er und nippte an einem Ouzo.
Rosa nickte.

Ich glaub, er hat's gefressen. Sie küßte Hämmerle stürmisch auf die fortschreitende Stirnglatze.

Gut, sagte er, *dann läuft alles nach Plan.*

Hast du das Handy? fragte Rosa.

Hämmerle legte mit spitzen Fingern Pikulskis Mobiltelefon auf den Tisch.

Also paß auf, sagte Rosa, *du drückst hier auf den Knopf, dann ist das Ding betriebsbereit. Und jetzt wartest du einfach, bis Dieter sich meldet.* („Phase Drei a)").

Jean-Marie verzog das Gesicht.

Ist das wirklich nötig? Ich hasse diese Dinger.

Rosa grinste:

Wie sagte noch dein Freund Fritz? Wenn's der Wahrheitsfindung dient ...

Sie kippte Hämmerles Ouzo und verschwand.

Eine Viertelstunde später stand Rosa vor Pikulskis Wohnung. Das, was sie nun vor sich hatte, machte ihr noch mehr zu schaffen, als der Auftritt bei Brenner. Vor Tanja hatte sie tierisch Respekt. Sie wußte, wozu ihre Mitbewohnerin fähig war. Einmal hatte Tanja sogar einen ihrer Liebhaber nackt nur mit Socken und einem Handy aus der Wohnung geschmissen. Der Mann war dann von der Polizei aufgegriffen und zu tausend Mark Geldstrafe verdonnert worden. Sie drückte den Klingelknopf um einiges zaghafter als bei Brenner. Aufgeregt kläffte Castro hinter der Tür. Es dauerte eine Ewigkeit, bis Dieter aufmachte:

Na endlich, sagte er. *Das wird aber auch Zeit.*

Rosa musterte Dieter aufmerksam. Keine Kratzspuren. Das wunderte sie.

Den Kerl hab ich ins Bad gesperrt, erklärte Dieter. *Deine Freundin ist im Wohnzimmer.* Er deutete auf die Tür.
Vorsichtig lugte Rosa ins Zimmer. Sie traute ihren Augen nicht. Auf dem Tisch stand eine fast leere Flasche Rotwein. Dahinter, auf dem Sofa, saß Tanja und fummelte an ihren Blusenknöpfen herum. Eine Kuschelrock-CD dudelte.
Sag mal, Rosa sah Dieter mißtrauisch an.
Der schob sie ins Wohnzimmer.
Du, Dieter, säuselte Tanja und blickte hoch. *DUUUUU?* Augenblicklich wurde sie knallrot. Sie grapschte nach dem Aschenbecher und schmiß ihn in Richtung Rosa. Pikulski hechtete über den Wohnzimmertisch und scheuerte Tanja eine. Fast hätte sie die Vitrine mit seiner Märklin-Sammlung erwischt.
Das reicht jetzt! bellte er. *Du kommst zu dem Fuzzi ins Bad. Ich muß nämlich noch was erledigen. Rosa kann dir in der Zwischenzeit erklären, was hier eigentlich läuft. Du und dein bescheuerter Kumpel, ihr könnt froh sein, daß wir für euch die Kohlen aus dem Feuer holen. Und das habt ihr mir und Hämmerle zu verdanken.*
Hämmerle?? Was hat denn der Dicke mit der Sache zu tun? Steckt ihr etwa alle unter einer Decke? Tanja wurde hysterisch.
Vielleicht schaffst du es, einfach den Mund zu halten und Rosa zuzuhören, während ich weg bin, blaffte Pikulski.
Soweit kommt's noch. Unter Lenin hätte man die Schlampe schon lange liquidiert. Du mieses Stück, keifte Tanja in Richtung Rosa. *Du bist wohl zu dem Dicken übergelaufen, hä?* Sie lachte hämisch. *Immerhin, figurmäßig paßt ihr ja zusammen.*

Castro knurrte böse. Auf sein Herrchen ließ er nichts kommen.
Pikulski hatte das Klebeband wieder rausgezogen. Er klebte Tanja die Handgelenke zusammen und einen dicken Streifen über den Mund.
Sicher ist sicher, sagte er. Dann ging er ins Bad und unterzog Bloch der gleichen Behandlung. Schließlich verklebte er die beiden noch miteinander und setzte sie Rücken an Rücken in die Badewanne.
Das dürfte genügen, sagte er zu Rosa. *Außerdem hast du ja noch den Hund.*
Er schloß die Badezimmertür ab und gab Rosa den Schlüssel. Dann ging er zum Telefon und wählte:
Hier ich ... Die Vögel sind im Nest ... Bist du noch dort? ... Ok ... Ich komm hin.

Mann, das war vielleicht ein Theater. Und ich hab gedacht, das wird stinklangweilig hier. Hämmerle saß im Akropolis vor seinem dritten Bier und einem riesigen Grillteller.
Wieso? Ist was passiert? fragte Pikulski. *Ist dir Brenner etwa schon abgehauen?*
Ach was, winkte Jean-Marie ab. *Der hat sich noch nicht blicken lassen. Ich meine das Ding hier.* Er deutete auf Pikulskis Handy. *Das hat andauernd geklingelt.* Er zog einen Zettel aus der Tasche:
Gabi, Karin, Christine, Annette, die war übrigens besonders sauer. Hat mir nicht geglaubt, daß ich nicht du bin. Sie meinte, ich, also du, seist ein Arschloch.
Komm, gib das Ding her. Pikulski stellte das Handy aus. *Ich brauch dringend meine Ruhe.* Er winkte nach dem Ober.

Und einen Ouzo. Diese DRIÜ macht mich noch total fertig.

Die Zeit verging. Im Stühlinger bereitete man sich langsam auf den Abend vor. Viel war in dem ehemaligen Arbeiterviertel westlich der Bahn von den einstigen Handwerks- und Industriebetrieben nicht übrig geblieben. Der Stühlinger war ein relativ neues Stadtviertel, zum ersten Mal erwähnt um 1870. Damals hieß das Gelände einfach „Hinterm Bahnhof“, und die Fabriken lockten eine ganze Menge Arbeiter aus dem Umland an. In aller Eile wurde ein neues Wohngebiet hochgezogen, eng bebaut, mit rechtwinkligen Straßenzügen und ohne viel Komfort für Arbeiter und Kleinbürger. Aber das war vorbei. In den letzten Jahren hatte der Stühlinger sein Gesicht erstaunlich schnell verändert.
Hast du gewußt, fragte Hämmerle Pikulski, *daß die Arbeiterfamilien hier früher zu sechzehnt in zwei Zimmern gehaust haben?*
Hä? Pikulski glotzte verständnislos. Ihm ging die ganze Sache mächtig auf den Keks. Zu wenig action.
Wenn man sich überlegt, daß beim Scherbenwirt Anfang des Jahrhunderts das Viertele so billig war, daß die Leute von überall hergekommen sind ... Da kannst du sehen, was passiert, wenn sich erst mal die Yuppies über ein Viertel hermachen, schimpfte Hämmerle. *Das beste Beispiel für Freiburgs Schickimickisierung.*
Sag ich doch, sagte Dieter. *Erst die Malocher, dann die Müslis, dann die Makler.*
Die Abstände, in denen die Tram über die Stadtbahnbrücke rumpelte, wurden größer. Im Westen ging die Sonne unter. Die Tische vor dem Akropolis waren jetzt voll besetzt.

Junge Menschen diskutierten über die Vor- und Nachteile des Euro und wie sich die Währungsumstellung langfristig auf ihre Aktienpakete und die Viertelespreise auswirken würde.

Dann kam Brenner.

Er ging eilig zum Treppenturm der Stadtbahnbrücke.

Komm, Pikulski war schon aufgesprungen. *Es geht los.*

Die Fallers

Die Verfolgung ging quer durch Freiburg, über die Stadtbahnbrücke, vorbei an der KTS und dem neu gebauten Bahnhofsviertel, das seit den Gülle-Anschlägen verwaist war. Kein Mensch wollte anscheinend mehr nach Freiburg kommen, der Stadt, von der es einst hieß, daß jeder zweite Deutsche hier leben wollte. Jetzt war man schon froh, wenn man keinen Urlaub in der Breisgau-Metropole machen mußte. Brenner passierte das frisch renovierte Theater und überquerte den Rotteckring, dessen Zukunft als Flaniermeile mehr denn je umstritten war. Modelle zur Umgestaltung gab es genug, mit oder ohne Stadtbahntrasse, Befürworter und Gegner auch. Derzeit wurde die typische Freiburger Lösung favorisiert: Abwarten und aussitzen. Immerhin hatte man den Bau der B31 Ost neu auf diese Weise fast 40 Jahre lang hinauszögern können. Das hätte noch nicht mal die DRIÜ geschafft.

Inzwischen war es fast dunkel geworden. Hinter dem Schwabentor bog Brenner in die Kartäuserstraße.

Was will der denn hier? Da hätten wir ja gleich mit dem Auto fahren können, moserte Pikulski. So lange Spaziergänge waren ihm, dem passionierten Autofahrer, zuwider.

Ich weiß, was der hier will, behauptete Hämmerle mit gedämpfter Stimme. *Hinter den Häusern fließt der Gewerbekanal, der das Bächlenetz speist. Das Wasser wird an der Sandfangbrücke aus der Dreisam abgeleitet. Ich glaube, wir sind auf der richtigen Spur. Irgendwo hier leitet der die*

Gülle ein, jede Wette.
Auf Höhe der Fabrikstraße blieb Brenner stehen. Er sah sich nach allen Seiten um. Hämmerle und Pikulski konnten sich gerade noch in der Garageneinfahrt des Südwestrundfunks verstecken. Vorsichtig lugte Dieter um die Ecke.
Sportlich, sportlich, murmelte er.
Wieso? Hämmerle schob sich vor Pikulski, um die Sache selbst in Augenschein zu nehmen. Gerade sah er noch, wie Brenner mit wehendem Schal über einen mannshohen Maschendrahtzaun kletterte und verschwand.
Hinterher, sagte Dieter.
Der Maschendraht umzäunte ein weiträumiges Fabrikgelände. Die Verwaltungs- und Produktionsgebäude lagen zur Straße hin. Die Lagerhallen hatte man ans andere Ende des Hofes gebaut, direkt an den Gewerbekanal, der hier am Fuß des Schloßbergs entlangfloß. Vor einer der Hallen funzelte für ein paar Augenblicke der schwache Lichtkegel einer Taschenlampe durch die Gegend.
Das muß Brenner sein, sagte Pikulski. *Dann woll'n wir mal.* Er machte Anstalten, über den Zaun zu klettern.
Ey, Moment mal, wie stellst du dir das denn vor? Jean-Marie hielt Pikulski am Hosenbein fest. *Wie soll ich da jemals rüberkommen?*
Ergeben stieg Pikulski vom Zaun und machte Hämmerle die Räuberleiter. Die Situation wurde kurz gefährlich, als Jean-Marie mit dem zweiten Bein von Dieters Schulter stieg und es über den Zaun hob. Er hing an dem gefährlich schwankenden Drahtgeflecht, und für einen Moment sah es so aus, als würde der Zaun mitsamt Hämmerle umkippen. Gerade noch rechtzeitig ließ Jean-Marie seine 265 Pfund Lebendge-

wicht nackt auf der Waage auf den asphaltierten Fabrikhof plumpsen. Gebremst wurde der Fall durch sein uraltes ockergelbes Lederwestchen, mit dem er am Zaun hängen blieb. Der Ratsch ging Hämmerle durch Mark und Bein.

Scheiße, das Westchen war so gut wie neu, schimpfte er.

Dieter landete neben ihm:

Wenn du weiter so schreist, hätten wir gleich klingeln können, fauchte er. *Du mußt ja immer so viel essen. Den zweiten Grillteller hättest du dir wirklich sparen können.*

Wo du grad klingeln sagst, unterbrach Hämmerle Dieters Diätansprache, *bevor wir da rein gehen, müssen wir Rosa anrufen und Bescheid geben, wo wir sind.*

Pikulski schaltete das Handy ein und wählte. Nach einer endlosen Weile meldete sich Rosa.

Was ist denn los? schnauzte Dieter. *Warum dauert das so lange?*

Bloch hat gerade einen Weinkrampf, sagte Rosa. *Er ist so enttäuscht von Brenner. Ich mußte ihm das Klebeband vom Mund wegmachen, sonst wäre er* erstickt.

Pikulski verdrehte die Augen:

Hör zu, sagte er. *Wir sind hier in der Kartäuserstraße auf dem Gelände genau gegenüber der Fabrikstraße. Da steht eine Lagerhalle. In die ist Brenner grad reingegangen. Und da gehen wir jetzt auch rein. Du wartest am Telefon. Wenn du nach einer Stunde nichts von uns hörst, rufst du die Polizei. Kapiert?*

Alles klar, kam es aus dem Lautsprecher.

Roger und Ende. Pikulski steckte das Handy weg.

Die Halle lag jetzt völlig im Dunkeln. Der Mond war hinter einer dichten Wolkendecke verschwunden. Kein Licht-

schimmer drang auf den Hof. Vorsichtig tasteten sich Dieter und Jean-Marie an der Stahlbauwand entlang.
Irgendwo muß doch hier eine Tür sein, wisperte Pikulski. *Durch das Rolltor können wir wohl kaum rein.*
Hier, Hämmerle zog Dieter am Ärmel. Die kleine Seitentür war so perfekt in die Wand eingepaßt, die sie fast übersehen hatten.
Dieter drückte ganz langsam die Klinke herunter und öffnete die Tür einen Spalt. Vorsichtig quetschten sich die beiden in die Halle. Es dauerte eine Weile, bis sich ihre Augen an die Dunkelheit gewöhnt hatten. Überall standen riesige Palettenstapel herum. Vom anderen Ende der Halle kam ein schwacher Lichtschein. Dort waren auch Stimmen zu hören. Es stank abartig.
Sieht so aus, als wäre Brenner nicht allein, flüsterte Pikulski. *Da hinten sind mindestens drei oder vier Leute. Wir müssen näher ran.*
Hämmerle hielt die Luft an und nickte. Die beiden schlichen im Schutz der Palettenstapel zum anderen Hallenende. Mit jedem Meter wurde der Gestank durchdringender.
Das stinkt ja wie in der Hölle, japste Dieter.
Siehst du das? Hämmerle boxte Pikulski in die Leber. *Das ist ein Güllewagen.*
Der Traktor mit dem Tankwagen parkte an der Rückwand der Halle. Vier Männer standen davor. Einer davon war Walter Brenner. Für ihn schien es nicht gut auszusehen. Vor ihm stand ein hagerer, älterer Mann in Blaumann und Gummistiefeln, mit einem kleinen Lederhut auf dem Kopf. In der Hand hielt einen Stock, mit dem er vor Brenner herumfuchtelte. Hinter dem Fremden standen zwei vierschrötige

Vokuhilas*, breitbeinig in Stretch-Jeans, mit riesigen weißen Turnschuhen und neonfarbenen Sportblousons, die Arme hielten sie vor der Brust verschränkt.

Der Alte schimpfte auf Brenner ein. Jetzt konnte man ihn deutlich verstehen, abgesehen von seinem breiten Alemannisch:

... it g'nug im Hirn, zum die Sach im Griff z'habbe. Ich han denkt, daß en g'standener Aawalt mit drei Kinder fertig were dut.

Das ist nicht so einfach, wie Sie denken, Herr Faller, versuchte Brenner ihn zu besänftigen. *Das erfordert viel Psychologie.*

In den einen der beiden Muskeltypen kam etwas Bewegung: *Schwätz it so g'scheid d'her.*

Oddr s'gibt uff d'Nuß, ergänzte der andere.

Extra vom Abendesse hen mir weg müsse, machte der Alte weiter. *So e großi Sach brucht doch Zitt. Unn g'fährlich isch's au. Iberall Polizei. Unn mi Schwager wundert sich langsam au, wenn i all Naslang de Schlüssl für di Halle hier vu ihm will. Du häsch versproche, daß di Plan klappe dut. Scho bim erschte Mol hätt's solle funktioniere. Itzt mach i di Tour scho drie Mol.* Er stampfte mit dem Fuß auf den Boden.

Nur keine Aufregung. Brenner hob beide Hände. *Ich sag ja nur ...*

Des isch's ja. Du schwätzesch z'vill. Bis heut han i no nix g'sähn von dere Million, die du verschproche häsch. Bloß Uukoschte. Vun dim Vorschuß will i garnit schwätze.

*VOrne KUrz, HInten LAng = Bezeichnung für einen Haarschnitt, in den 80ern vor allem durch diverse Fußballspieler und durch Peter Maffay populär geworden.

Sie müssen das langfristig sehen, Herr Faller, Brenner versuchte abzuwiegeln.

So, „langfristig" muß i des sähn, Fallers Stimme kippte beinahe. *Un zwischeni,* brüllte er und haute mit dem Stock auf den Boden, *zwischeni bin i ruiniert. „Naturpark Schwarzwald"* kreischte er, *des isch praktisch e Enteignung.*

Was meint denn der? flüsterte Pikulski.

Der spricht vom Naturpark Südschwarzwald. Das ist so ein Projekt vom Regierungspräsidium, flüsterte Jean-Marie zurück. *Da haben sich fast alle Gemeinden in der Gegend zusammengeschlossen. Gemeinsame Planung. Mit EU-Mitteln. Das ist ein ganz großes Ding. Tourismusförderung, Umweltschutz, Landschaftsschutz, alles so Sachen. Die machen neue Regeln, wo man was hinbauen darf. Deshalb sind auch gar nicht alle einverstanden mit dem Konzept.*

Genau das war Fallers Problem. Er war auch dagegen:

Ai Million hätt' mir d'r Lidl noglegt für den Acker. Unn itzt? „Neue Raumordnung", hätt er g'sagt, d'r Regierungspräsident. Itzt goht mir womeglich des schene G'schäft durch d'Labbe. Mir und mine Bube. Wenn des nit klappt, sinn mir pleite.

Do hosch recht, Vadder, bekräftigte der eine der Muskelmänner und ließ die Gelenke krachen.

Ha no, pflichtete der andere bei.

In der Tat, Brenner nickte heftig und suchte verzweifelt nach einer beeindruckenden Formulierung. *Das ist eine schreiende Ungerechtigkeit,* ereiferte er sich, *eine echte „lex specialis".*

Mit einem Satz war der eine Vokuhila bei Brenner und packte ihn am Kragen:

Was sagsch du do? Wen leksch?
Auch der andere kam näher:
Willsch du de Vadder beleidige?
Nein, Brenner hob flehentlich die Hände. *Das liegt mir fern, verehrter Herr Faller.*
Hämmerle litt mit:
Der kann einem ja fast leid tun, raunte er.
Ich hab's immer noch nicht kapiert, meinte Pikulski.
Psst, machte Hämmerle, *hör doch zu, was der Alte sagt.*
Unn nit bloß des. Des Dünge hen se mir au verbodde. Wege de Tourischde. 's stingt, saget se. Des kann m'r sich doch ned g'falle lasse. Oddr kannsch du mir sage, wo i mit derre Gülle no soll, hä? Herr Anwalt? Soll i se villicht suufe?
Der Bauer war einem Infarkt nahe.
Brenner auch. Er nickte heftig:
Ich sage Ihnen, die Stadt zahlt. Das verspreche ich Ihnen. Unsere Sache wird Erfolg haben. Wenn Freiburg morgen wieder stinkt, sind die mürbe. Bloß, damit sie ihre Ruhe ...
Mitten hinein in den Satz klingelte ein Handy. Die beiden Vokuhilas tasteten nach den kunstledernen Gürteltaschen an ihren Gesäßen.
Mins war's nit, sagte der eine.
Mins au nit, entgegnete sein Bruder.
Es läutete abermals, dann rumpelte es. Hinter einem Palettenstapel fluchte jemand fürchterlich.
Verrat!! Der eine Vokuhila hechtete zum Stapel. Der andere gleich hinterher.
Genau, Verrat!! brüllte er.
Hämmerle und Pikulski hatten keine Chance. Jean-Marie sah noch, wie eine riesige Bauernfaust auf ihn zukam. Dann

wurde es dunkel.

Die melden sich nicht, sagte Rosa zu Bloch. *Da muß was passiert sein.* Sie drückte auf die Gabel und wählte erneut. Diesmal die 110.

Last Exit Schloßberg

Plop, plop, ploplop, plop.
Es tropfte.
Ploplop.
Es war stockfinster.
Plop, plop.
Das Tropfen bohrte sich tief in Hämmerles Hirn.
Ploplop.
Es roch moderig.
Plop, plop, ploplop, plop.
Plop.
Es war kalt.
Ein dicker Tropfen platze auf seiner Stirn. Jean-Marie versuchte, den Kopf zur Seite zu drehen. Keine Chance. Er war verschnürt wie ein Postpaket. Er fluchte.
Bist du endlich wach? fragte es neben ihm.
Noch nie war Hämmerle so froh gewesen, Dieter Pikulskis Stimme beim Aufwachen zu hören.
Mann, Dieter. Bin ich froh, daß du da bist.
Das kann ich von mir nicht sagen, Dieter klapperte mit den Zähnen. *Das ist so ziemlich die beschissenste Lage, die man sich vorstellen kann. Weißt du überhaupt, wo wir sind?*
Keine Ahnung. Ich seh nichts.
Meinst du ich, du Idiot? Die haben uns verschleppt. Die wollen uns hier verrecken lassen. Dieter war den Tränen nahe. Hier findet uns keine Sau.
Wo, hier?

Typisch Hämmerle. Kaum kriegst du eine auf die Nuß, fällst du schon um. Du bist beim ersten Schlag zu Boden gegangen. Ich mußte alles miterleben und konnte mich nicht wehren.

Ich kapier kein Wort.

Sag bloß, du weißt nichts mehr von diesen Hochschwarzwälder Arschgesichtern in der Lagerhalle!

Langsam erinnerte sich Hämmerle wieder. Deutlich sah er die Faust vor Augen. Er ächzte.

Nun sag schon, wo sind wir hier eigentlich?

Wo wir sind? Dieters Stimme bekam einen seltsamen Unterton. *Lebendig begraben sind wir. Die haben uns irgendwo in einem Schloßbergbunker abgeladen.*

Hämmerle wurde unruhig:

In einem Schloßbergbunker, sagst du? Aber da kommen wir nie wieder raus. Der ganze Schloßberg ist unterhöhlt. Das ist quasi ein Labyrinth.

Sag ich doch, erwiderte Pikulski leicht hysterisch. *Meinst du, du kriegst deine Fesseln los?*

Jean-Marie zerrte und rieb, riß und zog, aber seine Fesseln gaben keinen Millimeter nach.

Keine Chance, sagte er.

Na dann, gute Nacht.

Lange Zeit sagte keiner ein Wort. Dann fing Pikulski an zu rufen:

Hilfe! Hiiilfe!

Hört uns denn keiner? fiel Hämmerle ein.

Verdammt noch mal, da muß doch jemand sein ...

Hiiiilfe!!!

Es war sinnlos. Keine Reaktion. Nur Dieters Zähne klapper-

ten und es tropfte.
Plop, plop, ploplop, plop.
Wenn ich hier wieder lebendig rauskomme, dachte Hämmerle, fahre ich mit meiner Mutter nach Lourdes. Ganz bestimmt, lieber Gott.
Wenn ich hier wieder rauskomme, dachte Pikulski, hau ich die Typen in Stücke. Ganz bestimmt, lieber Gott. Er schniefte leise.
Ey Dieter, hast du eigentlich gewußt, daß in Ägypten der ganze Hofstaat mit beerdigt wurde, wenn der Pharao starb?
Keine Reaktion.
Lebendig, präzisierte Hämmerle, *also der Hofstaat.*
Immer noch nichts.
Deswegen sind die Pyramiden auch so groß. Aber eigentlich sind nur ein paar von den Pharaonen in Pyramiden beigesetzt. Im Neuen Reich, so ab 1500 vor Christus, haben sie unterirdische Kammern am Nil gebaut. Tal der Könige, weißt du. Ungefähr wie hier. Lauter unterirdische Gänge. Das muß riesig gewesen sein.
Halt verdammt nochmal die Klappe, Mann. Auf deine Horrorgeschichten kann ich gut verzichten.
Hämmerle schwieg beleidigt.
Plop.
Was im übrigen „Horrorgeschichten“ angeht, fing er dann wieder an, *nur zu deiner Information: Ramses der Zweite hatte 90 Kinder, die sind alle mit beerdigt worden. Da kannst du dir ein Stück von abschneiden.*
Hör endlich mit dem idiotischen Gequatsche auf, fuhr Dieter ihn an. *Wegen dir sitze ich in dem Loch hier. Laß dir gefälligst was einfallen, wie wir hier wieder rauskommen.*

Oder glaubst du, ich habe Lust, hier zu verschimmeln?
Hämmerle schwieg.
Plop.
Neben ihm schabte Pikulski an seinen Fesseln herum. Sisyphos, dachte Jean-Marie niedergeschlagen. Das hatte doch alles keinen Zweck. Der Berg war durchlöchert wie ein Schweizer Käse und die Gänge in seinem Innern kilometerlang. Aus diesem Labyrinth würden sie alleine nie rauskommen. Ohnehin waren die meisten Eingänge zubetoniert. Die Fluchtwege der Zähriger waren ihnen zum Gefängnis geworden. Sein Magen knurrte. Es mußte Frühstückszeit sein. Sehnsüchtig dachte er an knusprige Croissants und Mutter Hämmerles selbstgemachte Kirschmarmelade, vielleicht auch Speckeier oder ein bißchen Lachs ... Er seufzte. Er würde also verhungern. Ausgerechnet.
Hast Du das gehört? fragte Pikulski plötzlich.
Das war mein Magen, antwortete Hämmerle.
Blödsinn, jetzt hör doch.
Angestrengt lauschten die beiden in die Finsternis. Tatsächlich. Ganz entfernt war ein leises Bellen zu hören.
Das ist Castro, schrie Hämmerle aufgeregt.
CASTRO!!!! brüllten sie beide.
CASTROOOOOOOOOO!!!!!
Das Bellen kam näher. Dann sahen sie in der Ferne einen schwachen Lichtkegel. Wenig später schloß Rosa einen völlig aufgelösten Jean-Marie Hämmerle in die Arme.

Plop, machte der Korken auf der zweiten Flasche von Hämmerles legendärem Selbstgebrannten.
... und dann klingelt das Telefon. Ich faß es immer noch

nicht. Pikulski schlug sich mit der platten Hand auf die Stirn.
Tut mir echt leid, sagte Rosa kleinlaut.
Jetzt hör schon auf, ging Hämmerle dazwischen. *Immerhin hat sie dir das Leben gerettet.*
Castro sah von seiner Dose grober Bauernleberwurst auf und protestierte. Er war der Meinung, daß alles sein Verdienst war. Schließlich hatte er die Fährte seines Herrchens an der Lagerhalle in der Kartäuserstraße aufgenommen und bis hinein in den Schloßberg verfolgt.
Brenner un die anneren sind jetzt im Knast, lallte Bloch. Er war seit dem ersten Moment in Hämmerles Wohnung dem Selbstgebrannten verfallen.
Nachdem Rosa die Polizei angerufen hatte, war sie zusammen mit Bloch und Tanja zur Lagerhalle gerannt. Dort hatten sie beobachtet, wie Brenner und der alte Faller von der Polizei hops genommen wurden, gerade als sie das Ventil für den Schlauch aufdrehen wollten, durch den die Gülle in den Kanal geleitet werden sollte. Das hatte die Rest-DRIÜ endgültig von Brenners Schuld überzeugt. Die beiden Faller-Söhne entkamen bei der Polizeiaktion, weil sie gerade dabei waren, Hämmerle und Pikulski durch eine unauffällige alte Bunkertür oberhalb des Südwestrundfunks zu schleifen. Offensichtlich hatten sie den Eingang präpariert, um ein Versteck zu haben, sollten sie bei ihren Aktionen überrascht werden. Aber es war nur eine Frage der Zeit, bis auch sie hinter Gittern saßen.
Und was war jetzt eigentlich der Sinn von der ganzen Sache? fragte Pikulski. Er war gerade mit Tanja beschäftigt.
Das ist doch klar. Hämmerle blies sich mächtig auf. *Brenner*

hat die DRIÜ für seine Zwecke benutzt.
Genau, Rosa nickte eifrig. *Der hat sich bei uns eingeschlichen. Ganz am Anfang haben wir nach Kampfgenossen gesucht, verdeckt natürlich. Und da hat er sich bei uns gemeldet.*
Und sein eigenes Süppchen gekocht, ergänzte Hämmerle. *Im Auftrag von diesem Faller. Der hatte eine Mordswut, weil er seinen Acker wegen dem Fremdenverkehr nicht mehr mit Gülle düngen durfte. Sein Hof liegt mitten in einem neuen Feriengebiet. Und dann ist ihm noch ein Riesengeschäft durch die Lappen gegangen, weil er seinen Acker nicht verkaufen durfte. Wegen der neuen Raumordnung. Zumindest hat er das geglaubt. Außerdem war er so gut wie pleite. Deshalb hat er die Stadt erpreßt. Weil seiner Meinung nach das Regierungspräsidium mit dem Naturpark Schwarzwald schuld an seiner Lage war. Auf Brenner ist er deshalb gekommen, weil der schon öfter Fallers Söhne aus irgendwelchen krummen Geschichten rausgehauen hat. Und schon war das Netz gespannt.* Jean-Marie schnalzte mit der Zunge. *Bingo. Der alte Faller also kam immer dann mit seinem Gülle-Transporter vom Schwarzwald runter in die Stadt, wenn die DRIÜ was geplant hatte. Von der Lagerhalle an der Kartäuserstraße aus haben sie in aller Ruhe die Gülle in den Gewerbekanal geleitet. Und den Gestank haben sie euch in die Schuhe geschoben.* Hämmerle prostete Rosa zu.
Eine Weile schwiegen alle. Sie schauten zum Fenster hinaus. Die Dächer glänzten vor Nässe. Endlich regnete es. Der Regen wusch Plätze und Gassen blank, ließ das Kopfsteinpflaster glänzen und spülte die letzten Güllereste durch die

Dreisam in den Rhein und weit hinaus in die Nordsee.

Und wenn Brenner uns verpfeift? fragte Tanja nach einer Weile.

Tja, Dieter Pikulski lehnte sich gönnerhaft zurück und legte seine Hand auf Tanjas Knie, *dann kriegt ihr von uns für jede einzelne Stunde ein wasserdichtes Alibi.*

Hämmerle nickte:

Wasserdicht wie Freiburgs Bächlenetz.